류예리

즉흥적으로 만든 요리에 생각 없이 오픈한 와인이 잘 어울릴 때 기분이 좋아지는 와인 러버. 브랜드 마케터로 일하다가 런던의 르 꼬르동 블루에서 프랑스 요리 과정을 수료했다. 요리와 함께 가볍게 시작한 와인에 도리어 흠뻑 빠져 와인을 공부했고, 작은 와인가게 'ordinary anniversary'와 와인 레스토랑 'ordinary archive'를 운영 중이다. 세상 모든 와인을 마셔보는 일에는 관심이 없지만, 평생을 함께할 단 하나의 '취향의 와인'을 찾아내는 것이 작은 꿈이다.

이 책은 노출실제본으로 제작했습니다.

일상을 돌보는 취향의 와인과 36가지 페어링 가이드

열두 달의 와인 레시피

류예리 지음

보틀프레스

열두 달의 와인 레시피

천천히
시작해볼까요?

와인을 곁에 두는 삶

와인을 좋아하게 되면서 아무 일도 일어나지 않는 일상을 대하는 마음이 달라졌다. 목표를 쫓아 에너지를 소진해온 시간, 생일이나 기념일, 하다못해 주말이 오기만을 기다리며 특별한 이벤트가 벌어지기를 기다리던 하루하루, 그렇게 평범한 하루를 하찮게 여겨 감사하게 보내지 못했던 순간들. 하지만 우리가 보낸 오늘이 평소와 다르거나 기분 좋을 일은 없었더라도, 저녁 시간에 집으로 돌아가 마시고 싶었던 와인 한 병을 여는 것만으로 충분히 행복해진다. 일상적 와인가게 '오디너리 애니버서리*ordinary anniversary*'는 이렇게 작은 일상을 소중히 돌보는 마음으로 시작되었다.

수많은 음식과 술 중에 원재료가 무엇인지, 어떻게 만들어지는지, 작은 차이까지 분석하며 먹고 마시는 것이 얼마나 될까? 물론 그처럼 방대한 지식을 습득하는 것도 와인을 마시는 즐거움 중 하나이지만 필수는 아니다. 와인과 천천히 친해지며 추억을 남기는 것이 와인생활에는 더 중요하다. 와인을 오래 마실수록 언제, 어디서, 누구와 어떤 음식에 곁들여 마셨는지가 기억의 대부분을 차지하곤 한다.

누군가의 '첫 와인책'이 되어줄 이 책은 와인을 곁에 두고 마시면서 일상이 풍부해지는 경험을 원하는 사람들을 위해 썼다. 그래서 복잡한 이론보다는 알고 있으면 더 재밌고 맛있게 마실 수 있는 기본적인 지식들과 자신만의 와인 취향을 만들어가는 데 도움이 될 내용을 담고 있다.

책에서는 계절순으로 그 달에 마셔보면 좋을 세 병의 와인을 소개하며 이에 어울리는 페어링 레시피를 제안한다. 날씨와 와인 사이에 정해진 공식은 없다. 더울 땐 화이트, 추울 땐 레드만 마시던 사람이 어느 12월에는 제철 해산물과 화이트 와인을 곁들이는 것에 빠질 수도 있는 것처럼. 그러므로 새로운 제안을 계속 접하며 다양한 시도를 두려움 없이 해보기를 권한다. 그렇게 와인을 마시다 보면 언젠가 내 취향이 가득 담긴 와인리스트를 만들 수 있지 않을까? 언제나 이 책이 음식과 와인을 즐기며 짤막한 이야기를 나누는 일상에 도움이 되길 바란다.

**와인과 음식의 페어링,
어울리는 조합을 찾고 즐기는 일**

굴과 샤블리, 초콜릿과 포트 와인, 캐비어와 샴페인, 푸아그라와 소테른. 이들은 오랜 시간 동안 많은 사람들의 검증을 거쳐 널리 알려진 와인과 음식의 페어링 조합이다. 맛있는 음식과 와인이 단순히 만나는 것에 그치지 않고, 둘의 어울림을 통해 새로운 상승작용을 만들어내는 것이 바로 페어링이다. 서로 잘 맞는 한 쌍의 음식과 와인을 함께 먹으면 각각을 따로 먹었을 때와 완전히 다른 맛을 느낄 수 있다.

'스테이크에는 레드 와인'처럼 정해진 것이 있다고 여겨지기도 하지만 사람들 입맛이 제각기 다른 것처럼 맛에 대해 느끼는 감각은 주관적이기 때문에 와인 페어링에 정답은 없다. "이 메뉴에 이 와인 괜찮을까요?"라는 질문을 받으면 대부분의 경우 "그렇다"는 답부터 해드리게 된다. 불협화음을 만들어내는 소수의 조합만 아니라면 대다수의 와인은 어느 음식과 먹어도 어우러지는 효과가 있다. 우리의 고정관념 때문에 '해산물에 무슨 레드 와인이야'라고 생각하지만 의외로 산도가 뒷받침되는 레드와는 잘 어울리기도 한다.

그렇다면 페어링 같은 것 신경 쓸 필요 없지 않냐고 반문할 수도 있겠다. 하지만 대부분 음식과 와인이 서로 무난하게 잘 어울리는 반면, 정말 시너지를 만들어내는 최상의 조합을 만나는 것은 쉽지만은 않다. 그리고 이 시너지를 만났을 때 와인이 주는 기쁨은 극대화된다. 이 새로운 감각을 한 번 경험해본다면 아마 어떤 음식을 먹더라도 와인이 생각나게 될 것이다.

와인과 음식 페어링을 해보는 방법은 크게 두 가지가 있는데 첫 번째는 유사한 것끼리의 조합이고, 다른 하나는 서로 상반된 특징을 가진 것들을 매칭하는 것이다. 유사한 특징을 가진 와인과 음식을 조합한다면 서로 물 흐르듯 연결되어 안전하면서도 좋은 결과를 만날 수 있다. 새콤한 음식에 산도 높은 와인을, 맛이 진한 음식에는 풀바디 와인을 곁들이는 식이다.

서로 다른 특징을 가진 음식과 와인을 매칭하는 것은 좀 더 까다롭다. 예를 들면 쿰쿰한 블루치즈에 스위트한 와인을 곁들여보는 것이다. 언뜻 상상하면 이상하지만 오묘한 단짠단짠 조합은 중독적이다. 발상의 전환이 필요한 방법이라 실패할 확률이 높고 자주 시도하기 어려울 수도 있다. 하지만 흙내음이 담긴 데친 꼬막에 산미 있는 이탈리아 레드를 조합해서 먹었을 때 오는 예상치 못한 기쁨을 발견하면, 계속해서 새로운 시도를 해볼 용기를 얻게 된다.

《열두 달의 와인 레시피》에는 36가지의 와인과 페어링하기 좋은 36가지 음식이 등장한다. 이 조합들은 때로는 산지의 오래된 레시피를 변형한 것이기도 하고, 때로는 유사한 특징을 가진 것들끼리의 조합이기도 하다. 물론 전혀 어울리지 않을 것 같은 독특한 조합들도 있기에 어쩌면 누군가의 취향에는 맞지 않을 수도 있다. 하지만 새로운 시도를 해서 실패했을 때 잃을 것은 기껏해야 각각 맛있는 음식과 맛있는 와인이 서로 어울리지 않았다는 사실뿐이다. 성공했을 때 얻는 기쁨에 비하면 웃고 넘길 수 있는 정도이지 않을까?

이 책과 함께 열두 달 동안 온전히 와인을 마시고 난 뒤에는 즉석에서 떠올린 저녁 메뉴에 어울리는 와인을 스스로 고를 수 있게 되거나, 어떤 와인을 마시면서 그에 어울릴 것 같은 음식이 머릿속에 퐁퐁 떠오르게 된다면 좋겠다.

contents

---

004 천천히 시작해볼까요?
와인을 곁에 두는 삶

014 3월의 레드 와인 **이탈리아 랑게 네비올로**
recipe 발사믹 버섯 볶음

018 ≡· 와인의 풍부한 아로마를 깨우는 방법

022 3월의 화이트 와인 **뉴질랜드 말보로 소비뇽 블랑**
recipe 아보카도&라임

026 ≡· 와인의 맛1 바디감과 타닌감

028 3월의 스파클링 와인 **이탈리아 프로세코**
recipe 방울토마토 절임

034 4월의 레드 와인 **스페인 리오하**
recipe 초리조 스튜

038 ≡· 와인 테이스팅하며 아로마 표현하기

042 4월의 화이트 와인 **이탈리아 소아베 클라시코**
recipe 냉이 봉골레 파스타

046 ≡· 와인의 맛2 당도와 산도

048 4월의 스파클링 와인 **스페인 로제 까바**
recipe 닭가슴살 로제 샌드위치

052 ≡· 와인의 라벨을 읽는다는 것

056 5월의 레드 와인 **칠레 까베르네 소비뇽**
recipe 스테이크

060 ≡· 구대륙 와인 vs. 신대륙 와인

062 5월의 화이트 와인 미국 나파 밸리 샤도네이
recipe 로스트 치킨

066 5월의 스파클링 와인 미국 캘리포니아 스파클링 와인
recipe 봄나물전

070 ≡▸ 꽃과 와인 와인잔 플라워 데코, 와인병 플라워 데코

076 6월의 레드 와인 이탈리아 토스카나 끼안티 클라시코
recipe 토마토 소스 미트볼

080 ≡▸ 와인을 마시는 온도

082 6월의 화이트 와인 아르헨티나 토론테스
recipe 냉우동과 오니기리

086 ≡▸ 샴페인 미스터리

090 6월의 스파클링 와인 프랑스 블랑 드 블랑
recipe 과일 부르스게타

096 7월의 레드 와인 프랑스 랑그독 그르나슈
recipe 살사 베르데와 양갈비 스테이크

100 ≡▸ 영화 〈파리로 가는 길〉과 프랑스 와인

104 7월의 화이트 와인 프랑스 론 비오니에
recipe 구운 관자와 레몬버터 소스

108 7월의 로제 와인 프랑스 프로방스 로제 와인
recipe 보드카 로제 파스타

114 8월의 레드 와인 프랑스 보르도
recipe 시금치를 채운 버섯요리

118 ≡▸ 와인과 프루스트 효과

120 8월의 화이트 와인 프랑스 루아르 상세르 소비뇽 블랑
recipe 시트러스 샐러드

- 124   8월의 스파클링 와인 스페인 까바
  recipe 까바 그라니따

- 128   ≡▸ 와인의 가격은 어떻게 정해질까

- 132   9월의 레드 와인 프랑스 론 샤토네프 뒤 파프
  recipe 간단한 불고기

- 136   9월의 화이트 와인 이탈리아 베네토 피노 그리지오
  recipe 삼치구이와 파래무침

- 140   9월의 스파클링 와인 프랑스 클레망
  recipe 육전과 파채

- 146   10월의 레드 와인 프랑스 부르고뉴 피노 누아
  recipe 표고버섯 파스타

- 150   ≡▸ 부르고뉴 와인의 특별함을 마시는 법

- 154   10월의 화이트 와인 오스트리아 그뤼너 펠트리너
  recipe 슈니첼과 감자 샐러드

- 158   10월의 스파클링 와인 이탈리아 람부르스코
  recipe 카초 에 페페

- 162   ≡▸ Unexpected pairing

- 166   11월의 레드 와인 이탈리아 폴리아 프리미티보
  recipe 크림을 넣은 푸툰과 돼지고기 요리

- 170   ≡▸ 남은 와인의 보관과 활용법 와인 아이스 큐브, 뱅쇼, 뱅쇼잼, 양파잼

- 174   11월의 화이트 와인 독일 리슬링
  recipe 돼지고기 생강구이

- 178   11월의 스위트 와인 이탈리아 모스카토 다스티
  recipe 해산물 튀김과 명란마요네즈

184 12월의 레드 와인 스페인 모나스트렐
recipe 치즈버거

188 12월의 화이트 와인 프랑스 샤블리
recipe 생굴을 맛있게 먹는 세 가지 방법

192 12월의 스파클링 와인 프랑스 샴페인
recipe 브리 치즈구이

196 ≡· 치즈를 맛있게 먹는 8가지 조합

202 1월의 레드 와인 미국 소노마 밸리 피노 누아
recipe 구운 육포와 치즈

206 ≡· 와인 라벨을 보관하는 방법

208 1월의 화이트 와인 프랑스 쥐라 뱅 존느
recipe 견과류 대추말이

212 ≡· 내추럴 와인이란?

216 1월의 스위트 와인 포르투갈 포트 와인
recipe 아망 드 쇼콜라

220 ≡· 기념일 와인과 와인의 시음 적기

226 2월의 레드 와인 프랑스 보르도 올드 빈티지 와인
recipe 뵈프 부르기뇽

230 2월의 화이트 와인 프랑스 부르고뉴 뫼르소
recipe 전복내장 리조또

234 2월의 스위트 와인 프랑스 보르도 소테른 귀부 와인
recipe 화이트초콜릿 티라미수

238 ≡· 한 박스의 와인을 마시는 일

산뜻한 시작,

3월

3월의 레드 와인

이탈리아
랑게 네비올로
LANGHE NEBBIOLO

'아로마(aroma, 향기, 향미)'는 와인이 주는 가장 큰 선물 중 하나이다. 과실향과 흙냄새, 꽃향기와 바닐라, 향신료향이 뒤엉킨 내추럴한 향기들의 조합은 와인에서만 느낄 수 있다. 이탈리아 북부 피에몬테 지방의 대표적인 적포도 품종인 네비올로로 만드는 와인은 신선한 라즈베리와 체리 같은 붉은 과실향에 장미꽃과 타르향이 섞인 매력적인 아로마가 돋보이는 레드 와인이다. 네비올로는 늦가을에 수확을 해야 하는 포도 품종으로 기르기 까다롭지만, 섬세한 아로마가 특징인 고급 품종이다. 대부분 블렌딩하기보다는 네비올로 단일 품종으로 양조된다. 두께가 얇은 와인잔에 네비올로를 따르면 빛나는 듯 투명한 루비 컬러에 빠지게 된다. 언뜻 빛깔만 보아서는 가볍고 생기 있는 와인처럼 보이지만, 한 모금 마시면 깊이 있는 바디감과 풍부한 질감, 부드러운 타닌tannin이 느껴져 마냥 쉬운 와인은 아니라는 것을 알 수 있다. 마실수록 새로움을 느끼게 되는 반전의 매력을 가진 와인이기도 하다.

피에몬테에서 네비올로로 만들어지는 가장 유명한 와인은 바롤로와 바르바레스코가 꼽힌다. 명성이 높고 고급와인인 이들에 비해 랑게 네비올로는 상대적으로 숙성기간이 길게 필요하지 않아 손이 자주 간다. 물론 그렇더라도 마시기 전에 미리 열어두거나 잔에 따르고 조금 기다리는 등 향을 충분히 깨운 뒤에 마시는 것이 좋다. 아름다운 아로마와 복합미를 지닌 랑게 네비올로를, 겨울 동안 움츠리고 있던 감각을 깨우고 산뜻하게 봄을 시작하게 할 레드 와인으로 추천한다.

랑게 네비올로는 푹 끓인 라구소스와도 잘 어울린다.

RECIPE CONTINUES →

RECIPE

발사믹 버섯 볶음

진하게 졸여낸 발사믹과 버섯향이 네비올로의 부드럽고도 적당히 묵직한 맛과 무척 잘 어울린다. 쉽고 간단한 레시피라서 고기를 굽고 사이드 메뉴로 곁들이기도 좋다.

- 양송이버섯 8개
- 올리브오일
- 다진 마늘 1작은술
- 발사믹식초 1/4컵
- 설탕 2작은술
- 소금 1작은술
- 약간의 허브

1. 양송이버섯을 4등분으로 자르고, 뜨겁게 달군 프라이팬에 올리브오일을 둘러 볶는다. 버섯을 볶을 때는 낮은 온도에서 많은 양을 한 번에 볶으면 수분이 나와 질척이므로 반드시 센불로 적당한 양을 볶아야 노릇노릇해진다.

2. 고소한 냄새가 올라오며 버섯이 노릇하게 익으면 다진 마늘을 넣고 마늘이 익을 때까지 가볍게 볶는다.

3. 마늘과 버섯이 모두 잘 익으면 약불로 불을 줄인 뒤 분량의 발사믹식초와 설탕, 소금을 넣고 졸인다. 발사믹식초는 단맛이 풍부해서 졸이면 끈적이는 소스의 느낌이 난다.

4. 불을 끄고 후추와 허브 잎을 올려 마무리한다. 허브는 타임이나 오레가노, 로즈마리 등이 어울린다.

와인의 풍부한 아로마를 깨우는 방법

와인에는 셀 수 없이 많은 아로마가 담겨 있다. 포도 품종과 토양, 기후의 특징이 아로마에 반영되는 건 물론, 오크 숙성 등 양조 과정에 따른 향과 시간이 지나면서 숙성을 통해 발현되는 향 등 다채롭다. 레드 와인에서는 주로 붉은 과실향에 젖은 흙냄새와 이끼향, 은은한 허브향과 쿰쿰한 가죽향, 부드러운 바닐라와 스모키한 연기향이 난다. 화이트 와인에서는 상큼한 시트러스나 풋사과향에 화사한 꽃향기, 부드러운 버터나 고소한 빵 냄새가 나기도 하고 캐러멜이나 꿀처럼 농익은 향기가 감돌기도 한다.

이렇게 아름다운 와인의 아로마는 불행히도 불안정하다. 모든 와인이 서로 다른 향을 갖고 있는 건 물론이고 같은 와인이더라도 마시는 시기와 온도와 계절에 따라서도 다를 수 있다. 심지어 와인을 마시고 있는 중에도 아로마는 계속 변한다.

이 때문에 한 병의 와인이 가장 아름다운 향을 발현할 때 마시기 위해서는 몇 가지 준비과정이 필요하다. 와인 한 잔을 천천히 마시다 보면 아무 행동을 하지 않았어도 처음 마셨을 때와 잔에서 시간이 지났을 때 와인이 달라진 것을 발견할 수 있다. 자연스레 공기와 만났기 때문인데, 이것을 효과적으로 하는 방법이 바로 스월링*swirling*, 브리딩*breathing*, 디캔팅*decanting*이다.

스월링은 와인을 마시기 전 와인잔을 돌리는 행동을 말한다. 편안하게 잔의 바닥이나 다리(스템, stem)를 잡고 반시계 방향으로 둥글게 여러 바퀴 돌리면 된다. 그 과정을 통해 와인은 산소와 빠르게 만나게 되고, 병 안에 웅크리고 있던 와인의 아로마는 꽃처럼 피어난다. 와인을 잔에 따르자마자 한 모금 마셔보고, 스월링을 충분히 해준 뒤에 다시 마셔보면 누구나 쉽게 그 변화를 알 수 있다.

브리딩은 병에 담긴 와인을 산소와 닿게 하는 과정으로, 보통 미리 코르크를 오픈해놓는 병 브리딩을 일컫는다. 일반적으로 마시기 한 시간 정도 전에 오픈하는데, 적정한 시간은 개인의 취향이나 와인 스타일에 따라 다르다. 집에서 마실 때 요리나 상차림을 시작하기 전에 가장 먼저 와인병을 오픈해두면 자연스럽게 병 안으로 공기가 들어가니 어려운 일은 아니다. 사실 문제는 두 번째 병부터다. 처음 마실 와인은 미리 예측해서 한 시간 전에 열어둘 수 있지만 마실지 안 마실지 모를 두 번째 병을 미리 오픈해두기는 쉽지 않기 때문이다.

이럴 때는 디캔팅을 하면 된다. 디캔터라고 부르는 커다란 유리병에 와인을 옮겨 담으며 공기와 접촉을 늘리는 과정으로, 이를 통해 단단한 와인을 빠른 시간 안에 풀어지게 하는 것이다. 사실 디캔팅에는 여러 가지 단점이 있는데, 일단 디캔터에 와인을 옮기면 그 와인은 남았을 때 다시 보관하기 어렵다. 그리고 디캔터가 워낙 병목은 가늘고 부피가 크다 보니 세척과 보관이 용이하지 않다. 다행인 것은 우리가 일상적으로 마실 대부분의 와인들은 꼭 디캔팅을 하지 않아도 스월링이나 짧은 시간의 브리딩으로 충분하다는 점이다. 디캔팅의 과정이 필요하다고 여겨지는 것은 대개 장기 숙성형 와인들이다. 예를 들면 보르도나 바롤로 같은 와인이 아직 어린 빈티지라 충분히 숙성되지 않았을 때 디캔팅을 하면 좀 더 부드럽게 마실 수 있다.

와인이 잔이나 병 안에서 변해가는 모습을 지켜보는 것은 와인의 매력 중 하나다. 병입한 뒤에 오랜 시간 같은 모습을 보이는 다른 술과 달리 와인의 아로마는 마치 살아 있는 것처럼 천천히 변한다. 준비에 크게 신경을 쓸 필요 없이 자연스러운 과정을 즐기며 와인을 마셔도 괜찮다. 다만 다채로운 향들이 뒤엉켜 아로마를 만들어내고 이를 즐기는 것은 와인이 선물하는 충만함이므로, 즐길 수 있는 만큼만 스월링이나 브리딩, 디캔팅의 수고로움을 감수해보자. 혀끝에서 목을 넘기기까지 아득히 뒤따라오는 아로마의 여운은 때로 손가락 끝의 세포 하나하나까지 퍼져나가는 느낌을 줄 것이다.

3월의 화이트 와인

뉴질랜드
말보로
소비뇽 블랑

MARLBOROUGH
SAUVIGNON BLANC

아직 추위가 완전히 가시지 않았지만, 참지 못하고 뉴질랜드 소비뇽 블랑을 꺼냈다. 보통 더운 여름에 어울릴 것 같지만 길고 긴 겨울에 지친 마음이 들었는지 어딘가 조급해진다. 서둘러 봄을 맞이하고 싶은 마음으로 고른 생기 넘치면서 활기찬 아로마를 가진 뉴질랜드 소비뇽 블랑이 3월의 화이트 와인이다.
뉴질랜드의 말보로 지역은 독특한 기후로 인해 개성 있는 와인이 만들어지는 산지이다. 여름의 한낮에는 포도가 달콤하게 잘 익어가지만, 큰 일교차로 인해 한밤중 기온은 뚝 떨어져 높은 산도를 가진 포도를 수확할 수 있다. 이러한 기후 조건으로 인해 강렬한 과실향과 선명한 산도를 동시에 지닌 특별한 와인이 만들어진다. 따뜻한 햇살에서 오는 달콤한 아로마와 서늘한 기후가 만든 날카로운 산도, 이 두 가지를 한 번에 느낄 수 있어 매력적이다.

뉴질랜드 말보로 소비뇽 블랑을 처음 마셨을 때의 신선함은 잊혀지지 않는다. 침샘을 자극하는 산도와 강렬한 시트러스향이 어우러지는 아로마에 순식간에 빠져서 여전히 봄부터 여름까지는 정말 많은 보틀의 뉴질랜드 소비뇽 블랑을 비워낸다. 여기에는 대체로 부담스럽지 않은 가격대도 한 몫 한다. 청량한 봄날의 파란 하늘이 떠오르는 뉴질랜드 말보로 소비뇽 블랑. 조금 이르다 싶을 때 이 와인을 꺼내어 봄기운을 한 발 먼저 느껴보면 어떨까?

RECIPE CONTINUES →

RECIPE

아보카도&라임

뉴질랜드 말보로 소비뇽 블랑은 워낙 개성이 뚜렷한 와인이기 때문에 페어링이 까다로울 것 같지만 잘 어울리는 레시피도 많이 있다. 와인의 날카로운 산도에 맞춰 라임즙을 듬뿍 뿌린 아보카도를 곁들여보자.

○ 아보카도 1개
○ 라임 1/2개
○ 올리브오일 약간
○ 천일염 약간
○ 페페론치노 가루 약간

1 잘 익은 아보카도를 먹기 좋게
  썰어 신선한 라임즙을 듬뿍 두르고
  맛있는 올리브오일, 천일염,
  페페론치노 가루를 뿌려 완성한다.

- 레시피라고 할 것도 없는 간단한 음식이지만
  모든 재료를 좋은 것으로 사용해야 맛있다. 특히
  소금이 중요하다. 몰든 솔트 같은 소금을 사용하면
  크런치한 식감이 음식의 포인트가 되어준다.

- 신선한 라임즙을 듬뿍 뿌리는 것이
  중요한데, 라임은 소비뇽 블랑에 잘 맞는
  식재료 중 하나다. 그러다 보니 태국음식에
  뉴질랜드 소비뇽 블랑도 잘 어울린다.

와인의 맛 1

바디감과 타닌감

바디감과 타닌감은 와인의 맛을 설명할 때 빈번히 사용되는 용어이다. 바디감은 와인이 얼마나 묵직한지를 의미하는 단어로, 물보다 우유가 바디감이 더 높듯 농도와 유사한 개념으로 이해하면 쉽다. 일반적으로 화이트 와인이 상대적으로 바디감이 가볍고 레드 와인이 바디감이 무거운 편이다. 와인의 바디감은 입안에서뿐 아니라 눈으로도 확인할 수 있다. 와인의 눈물 혹은 와인의 다리라고 불리는 것으로, 와인을 스월링하면 와인이 와인잔 안쪽 벽면을 타고 내려오는데 이때 흐르는 와인의 속도와 굵기가 바디감을 보여준다. 무거운 바디감의 와인일수록 더 천천히 두껍게 떨어지고, 라이트할수록 가늘고 빠르게 떨어진다.

타닌감은 와인의 떫은맛으로, 덜 익은 감을 먹었을 때와 비슷하게 입안의 피부가 말라 조여드는 느낌이 들며 텁텁해지는 것을 뜻한다. 한 모금 마셨을 때 입안이 떨떠름해지면 바디감이 무겁다고 착각하는 분들이 있지만 이 느낌은 바디감과는 상관 없이 타닌 때문이다. 적포도 품종의 껍질과 씨에 함유되어 있어 화이트 와인에서는 느껴지지 않는다. 껍질이 두꺼운 포도 품종인 까베르네 소비뇽 등으로 만드는 와인은 풍부한 타닌을 가진 와인이 나온다. 와인이 만들어진 지 얼마 지나지 않았을 때는 타닌감이 텁텁하고 거칠게 느껴진다. 그러다 보니 와인을 마실 때 불편한 감각으로 인지되기도 한다. 하지만 시간이 지나 와인이 숙성되면 타닌은 점차 둥글둥글하고 보드랍게 변한다. 이럴 때 타닌은 와인의 질감을 풍부하게 해주고 균형감 잡힌 와인을 즐길 수 있게 한다.

잔을 따라 흐르는 와인의 눈물을 보고 바디감을 짐작해본다.

3월의 스파클링 와인

이탈리아
프로세코
PROSECCO

산뜻하고 청량한 산미와 잔을 감싸는 레몬 계열 과일향은 봄을 그대로 담고 있는 듯 하다. 입안을 간지럽히는 보글보글한 기포는 겨울 동안 움츠러든 몸 안의 감각들을 깨워주는 기분이다. 들꽃을 엮어 만든 부케가 떠오르는 이탈리아의 프로세코로 봄을 시작해보자.

프로세코는 이탈리아 북동부 베네토 지방에서 글레라*Glera*라는 포도 품종으로 만들어지는 스파클링 와인이다. 스파클링 와인 중 샴페인이나 클레망과 달리 숙성기간이 짧고 신선한 상태에서 마시며, 효모나 숙성된 풍미보다는 포도가 가진 고유의 아로마를 강조한다. 가벼운 과실향과 아몬드향이 특징이고, 상대적으로 부드러운 기포는 기분 좋은 간질거림을 가져온다. 어느덧 다가온 봄기운을 만끽하기에 적당한 와인이다.

○ 스파클링 와인의 이름

흔히 '샴페인'을 스파클링 와인의 대명사처럼 사용하지만,
샴페인은 프랑스 상파뉴 지역에서 만들어진 스파클링 와인만을
지칭하는 말이다. 지역마다 스파클링 와인을 부르는 이름이
다르다는 점을 기억해두자.

프랑스	상파뉴 ▸ 샴페인 / 상파뉴 외 지역 ▸ 클레망
스페인	까바
이탈리아	스푸만테 / 베네토 지방 ▸ 프로세코
독일	젝트

RECIPE CONTINUES ⟶

RECIPE

방울토마토 절임

토마토 마리네이드라고도 불리는 방울토마토
절임은 활용도가 높아 와인과 먹기에도 좋고, 다른
요리에 사용하면 맛을 다채롭게 해준다. 껍질을
벗기는 일이 조금 번거롭지만, 한 번에 가득 만들어
놓으면 냉장고가 든든해진다.

- 방울토마토 500g
- 식초 1컵
- 올리고당 1/2컵
- 꿀 2큰술
- 소금 2작은술

1. 방울토마토 껍질에 십자로 칼집을 넣는다. 끓는 물에
   방울토마토를 넣고 10초 정도 짧게 데친 후 찬물에 넣어 식힌다.
   이 과정을 거치면 손으로 쉽게 껍질을 벗길 수 있다.

2. 분량의 식초와 올리고당, 꿀, 소금을 넣고 잘 섞어 소스를 만든다.

3. 유리병에 껍질을 벗긴 방울토마토와 2번의 소스를 넣으면 완성.
   1시간 정도 두었다가 먹으면 더 맛있다.

- 방울토마토 절임은 부르스게타나 샌드위치에 넣어 먹기 좋고, 병 안의 소스와 올리브오일을 섞어 샐러드 드레싱으로 활용하기도 좋다. 어떻게 하더라도 청량한 프로세코와 아주 잘 어울리니 다양한 시도를 해보시길.

꽃 피는

4월

4월의 레드 와인

스페인
리오하
RIOJA

프랑스와 이탈리아, 스페인은 유럽에서 와인을 생산하는 가장 대표적인 국가로, 각 나라마다 와인의 스타일이 다르다. 그중 스페인 와인은 가장 에너지가 넘치고 생동감을 주는데, 왠지 스페인에서 생산된 와인을 마실 때마다 목소리가 높아지고 흥이 샘솟는 음악을 듣고 싶어진다.

리오하는 스페인을 대표하는 와인 산지로, 템프라니요*Tempranillo*라는 토착 품종을 베이스로 한 레드 와인을 주로 만든다. '스페인의 보르도'라고도 불리는 이 지역은 실제로 1870년대 유럽 북쪽부터 남쪽까지 필록세라*가 번졌을 때 생산자들이 가까운 스페인 북부 지역에서도 비슷한 기후를 가진 리오하로 이주했고, 보르도의 양조기술이 접목되며 양질의 와인을 만들어내는 산지가 될 수 있었다. 새빨갛게 잘 익은 체리향과 약간의 담배향과 허브향이 섞인 아로마가 매력적이다. 특히 리오하에서 생산된 것들 중 저렴한 와인들은 가격대비 퀄리티가 안정적이고 마트에서 쉽게 찾을 수 있어서 언제든 편하게 마시게 된다. 집에 몇 병 쟁여놓으면 마음이 든든해지는 리오하의 와인. 스페인 음식도 몇 가지 특징적인 재료만 구비하면 생각보다 쉽게 할 수 있으니 따뜻해진 날씨를 기념하며 스페인의 와인과 음식으로 활기찬 시간을 보내보면 어떨까.

* **필록세라란?**
  포도나무 뿌리에 기생하는 병충해로, 대륙 간 교류가 이루어지면서 신대륙에서 유럽으로 건너오게 되었다. 19세기 후반 유럽 전역에 필록세라가 퍼지면서 포도 농가 및 와인 산업에 큰 타격을 입혔다. 현재는 필록세라에 면역이 있는 미국종 포도나무 뿌리에 유럽종 포도나무 줄기를 접목하는 방식으로 필록세라를 예방하고 있다.

RECIPE CONTINUES →

RECIPE

초리조 스튜

초리조 *chorizo*는 돼지고기, 마늘, 고추나 빨간 파프리카 가루 등을 넣고 만든 스페인의 대표적인 소시지이다. 초리조와 토마토를 넣고 끓인 초리조 스튜는 심플한 재료의 조합이지만 바게트와 와인을 곁들이면 정말 맛있다. 감자와 콩이 들어 있어 든든한 저녁식사로도 좋다.

2인분

- 초리조 50g
- 홀토마토 1캔
- 콩통조림 1/2캔
  (병아리콩이나
  흰 강낭콩 등)
- 감자 1/2개
- 양파 1/2개
- 마늘 2알
- 껍질콩 10줄기
- 올리브오일

1. 초리조, 감자, 양파, 마늘은 얇게 편으로 썰어둔다.

2. 냄비에 올리브오일을 조금 두르고 초리조와 마늘, 양파를 넣어 중불에서 볶는다. 초리조에서 빨간 기름이 배어 나오는데 이 부분이 맛있다.

3. 재료들이 잘 볶아지면 감자와 홀토마토, 콩통조림을 넣고, 재료들의 맛이 충분히 어우러질 때까지 약불에 15~20분 끓인다. 수분이 너무 부족하면 물을 조금씩 넣어가며 자작하게 끓인다.

4. 가장 마지막에 껍질콩을 넣고 잘 익을 때까지 10분가량 더 끓여 완성한다. 너무 오래 익히면 껍질콩 색이 변하게 되니 주의한다.

5. 맛있는 바게트를 곁들여 먹는다.

- 껍질콩은 아스파라거스나 완두콩으로 대체해도 좋다.

와인 테이스팅하며 아로마 표현하기

테이스팅은 잔에 따른 와인을 눈으로 보고, 코로 향을 맡고, 혀로 맛보는 과정을 거친다. 그 과정에서 느낀 아로마를 언어로 표현하는 이유는 무엇일까? 와인의 아로마를 과일 등 여러 단어로 묘사하는 일은 한 사람의 성격과 행동을 구체적으로 이야기하는 것과 비슷하다. 그 사람에 대해 이름과 직업으로 정의하는 것보다 "그는 작은 행동에도 배려가 묻어나는 따뜻한 사람이야"라고 말하는 것이 공감되고 기억에 남는 것처럼, 와인의 산지나 품종으로 설명하는 것보다 "처음엔 풋사과 향이 나고, 뒤에 느껴지는 산미가 기분 좋아"라고 묘사하면 함께 마시는 사람들과의 대화도 풍부해지고 와인 자체와도 더 가까운 교감을 하게 된다.

대부분 사람들은 자신이 지금 경험한 아로마를 특정 단어로 표현하는 것에 어려움을 느낀다. 물론 이제껏 함께 와인을 마셔온 사람들 중 몇몇은 부러울 정도로 아로마를 수월하게 표현했다. 테이스팅 경험이 전혀 없는데도 그 와인의 핵심적인 아로마를 짚어내거나, 과거에 맡아본 일상적인 냄새와 와인이 가진 공통의 아로마를 찾아 사람들의 공감을 이끌어내는 것을 보면 놀랍다. "낡은 택시 탔을 때 느껴지는 특유의 쿰쿰한 냄새가 나요", "엄마가 미용실 갔다 왔을 때 나는 파마약 냄새가 나요" 같은 식이다. 혹시 내게도 숨겨진 표현력이 있을지 모르니 용기를 내어 와인의 아로마에 대해 솔직하게 얘기해보자. 뇌 속에 저장된 다양한 경험을 꺼내오면서 말이다.

만약 잘 되지 않더라도 실망할 일은 아니다. 처음 경험한 와인이 뿜는 향을 말로 표현하는 일은 초보들은 물론, 와인을 오래 마셔온 사람들에게도 쉽지 않은 일이다. 실은 정답을 맞출 필요도 없는 일이므로 뒤에 소개하는 단어들 중에 지금 마시고 있는 와인의 아로마와 유사한 것들을 골라 얘기해보자. 이 단어들은 와인에서 흔하게 맡을 수 있는 아로마의 나열이다. 언뜻 맡아진 향을 골라 나만의 테이스팅 노트를 기록해보는 것도 재밌다.

레드 와인

산딸기, 라즈베리, 크랜베리 등 붉은 과일, 검은 체리나 블랙베리 등 검붉은 과일, 장미꽃, 제비꽃 등의 꽃향기, 타임이나 로즈마리 등 허브향, 삼나무, 초콜릿, 정향, 시나몬, 후추, 토스트, 버터, 바닐라, 커피, 담배, 버섯, 이끼, 흙, 가죽, 견과류, 동물 털냄새, 캐러멜, 시골 농장 등.

화이트 와인

레몬, 라임, 오렌지, 자몽 등 시트러스 과일, 복숭아, 사과, 배 등 핵과류 과일, 망고, 바나나, 파인애플 등 열대과일, 카모마일, 국화꽃 등 꽃향기, 타임, 펜넬 등 허브향, 조약돌, 약숫물, 부싯돌 등 미네랄 향기, 삼나무, 바닐라, 토스트, 버터, 사워크림, 요거트, 빵 반죽, 캐러멜, 꿀, 견과류, 말린 과일 등.

4월의 화이트 와인

이탈리아
소아베 클라시코
SOAVE CLASSICO

예쁘고 우아한 이름처럼 소아베 클라시코는 산뜻한 향기를 가진 아름다운 와인이다. 이탈리아 북부 베네토 지방의 소아베 마을에서 만들어지는 화이트 와인으로, 이 지역 토착 품종인 가르가네가*Garganega*를 베이스로 만들어진다. 소아베 와인 중에서도 소아베 클라시코는 입지가 좋은 포도밭에서 수확한 포도로 양조한다. 이탈리아 와인 중 '클라시코'가 붙은 것은 포도 재배나 양조에 대한 규정이 까다로우며 품질도 우수한 와인이다.

오렌지 껍질과 아몬드, 그리고 곱게 우려낸 국화차 같은 향기가 뒤엉켜 아로마가 매우 섬세하다. 당도는 적고 산도가 풍부하며 살짝 짭짤한 맛도 있다. 이탈리아 와인은 특히나 식사 자리에 곁들였을 때 더 맛있는데, 소아베 클라시코를 마실 때도 역시나 먹고 싶은 음식이 가득 떠오르면서 입에 침이 고인다. 조개에 올리브오일, 화이트 와인을 넣고 만든 조개찜이나 마늘과 안초비만으로 맛을 낸 오일파스타 같은 심플한 이탈리아 요리와 함께 먹으면 정말 맛있다. 와인도, 음식도 서로를 존중해주며 심플하지만 완벽한 하모니를 만들어낸다. 그리고 이런 요리들은 생각보다 집에서 만들기도 정말 쉽다. 남은 오일소스를 바게트로 싹싹 닦아 그릇을 비우고 소아베 클라시코로 입안을 깔끔하게 마무리. 소박하지만 만족스런 저녁식사이다.

RECIPE CONTINUES →

RECIPE

냉이 봉골레 파스타

봄은 바지락이 맛있는 철이다. 통통하게 살이 오른 바지락으로 만든 봉골레에 냉이를 다져서 넣으면 봄내음이 가득하다. 여기에 이탈리아 화이트 와인이 함께라니 완벽하지 않은가.

2인분

- ○ 링귀니 혹은 스파게티 200g
- ○ 바지락 1팩
- ○ 마늘 2알
- ○ 냉이 1줌
- ○ 화이트 와인 1/3컵
- ○ 버터 1/2큰술
- ○ 올리브오일

1 바지락은 소금물에 1시간가량 담가두어 해감한 후 깨끗이 세척한다.

2 마늘은 얇게 편으로 썰고 냉이도 작은 사이즈로 다진다.

3 링귀니(스파게티)는 소금물에 삶는다. 파스타 봉투에 써있는 시간에서 1~2분 가량 짧게 삶으면 적당하다.

4 중약불로 달군 프라이팬에 올리브오일을 두르고 마늘을 넣어 향이 나도록 천천히 볶는다. 마늘이 어느 정도 익으면 바지락과 화이트 와인을 넣는다.

5 화이트 와인이 바글바글 끓으면 중약불에서 뚜껑을 덮고 조개를 익힌다. 바지락이 입을 벌리기 시작하면 바지락만 건져서 다른 그릇에 옮겨놓고 냉이를 넣고 2~3분 정도 끓인다.

6 삶아진 파스타를 5에 넣고 맛이 골고루 배도록 잘 섞은 다음 마지막으로 버터 1/2큰술과 바지락을 다시 넣어 골고루 섞으면 완성이다.

와인의 맛 2

당도와 산도

와인의 맛을 표현할 때 많이 사용하는 '드라이*dry*하다'는 말은 '달지 않다'는 뜻이다. 앞서 이야기한 바디감이나 타닌감과는 무관하게 오로지 단맛을 표현하는 말이다. 이때 단맛은 혀끝에서 느끼는 것이다. 간혹 코로 느껴지는 달콤한 아로마 덕분에 와인이 달다는 오해를 할 수도 있지만 혀에서 느껴지는 단맛이 없다면 향이 아무리 달콤해도 드라이한 와인이다. 드라이한 와인과 스위트한 와인 사이에 단맛이 아주 조금 날 때는 오프-드라이*off-dry*라는 표현을 쓴다.

정도의 차이는 있지만 와인은 대체로 산도가 있는 쪽에 속한다. (중성이 PH7, 와인은 PH2.5~4.5 정도이다.) 산도는 음식과의 궁합에 큰 역할을 한다. 배가 고플 때 맛있는 음식을 상상하면 입에 침이 고이는 것처럼 산도가 있는 와인을 마셨을 때도 똑같은 작용이 일어난다. 에피타이저로 새콤한 음식을 먹었을 때와 같이 와인의 산미는 입 안쪽에 와인이 닿았을 때 침을 샘솟게 하고 입맛을 돋운다. 간혹 산도 높은 와인을 선호하지 않는 경우도 있는데, 그럴 땐 단독으로 마시지 말고 음식에 곁들여보자. 놀라운 페어링 세계가 열릴 것이다.

4월의 스파클링 와인

스페인
로제 까바
ROSE CAVA

벚꽃이 피기 시작하는 4월, 연한 핑크빛 로제 스파클링만큼 계절과 어울리는 와인이 있을까. 향기로운 딸기와 꽃내음에 청사과향이 은근히 배어나고, 고소한 비스킷향이 어우러지는 로제 까바는 바라보고만 있어도 행복해진다. 만개한 봄을 마시는 기분. 사실 꼭 까바가 아니더라도 드라이한 로제 스파클링이면 비슷한 기분이 날 것 같다.*
보통 로제 까바는 가르나차*Garnacha*나 모나스트렐*Monastrell* 등 스페인의 적포도 품종으로 만들어진다. 샴페인이나 클레망의 로제보다 저렴한 가격으로 구할 수 있다는 장점이 있다.

늦게까지 꺼내둔 겨울옷을 싹 정리하고 홀가분해진 날, 이 와인을 마시며 상쾌한 기분을 느껴보자. 대청소 후 돗자리와 로제 스파클링 와인을 챙겨 들고 어디로든 나가봐도 좋겠다. 같이 먹을 음식은 샌드위치를 제안했지만, 사실 분식집에서 산 김밥만 있어도 완벽하다. (놀랍게도 드라이한 로제 와인과 김밥은 찰떡궁합이다.)

* 스파클링 와인은 드라이함을 세밀하게 구분한다. 복잡하게 느껴질 수 있지만 딱 한 가지 브뤼Brut라는 단어를 기억해두면 된다.
  브뤼 ▸ 엑스트라 브뤼Extra Brut ▸ 브뤼 나뚜르Brut Nature는 순서대로 점점 더 당도가 낮다는 표현이며, 정도의 차이가 있지만 모두 드라이한 스타일이다.
  또한 살짝 달콤한 스파클링에는 섹Sec, 그보다 더 달콤한 스파클링에는 드미 섹Demi Sec, 아주 달콤한 것에는 두Doux라는 표현을 쓴다.

RECIPE CONTINUES →

RECIPE

닭가슴살 로제 샌드위치

해산물과 고기, 야채까지 어떤 식재료든 가리지 않고 어울리는 것이 로제 와인의 가장 큰 장점이다. 각종 재료를 듬뿍 넣은 샌드위치에 로제 까바를 곁들이면 화창한 봄날처럼 기분 좋은 브런치가 될 것이다. 직접 만든 크랜베리잼을 넣으면 와인 빛깔만큼 예쁜 핑크빛 샌드위치가 완성된다.

2인분

- 닭가슴살 2쪽
- 양파 1/4개
- 사과 1/4개
- 마요네즈 2큰술
- 레몬즙 약간
- 루꼴라 한 줌
- 바게트나 식빵

크랜베리잼 재료

- 냉동 크랜베리 2컵
- 설탕 1/2컵

1. 분량의 설탕과 냉동 크랜베리를 냄비에 넣고 약불에 끓이며 적당한 점도가 생길 때까지 졸인다. 이렇게 간단한 크랜베리잼은 만들어두면 치킨 등 튀김요리에 곁들여도 맛있다.

2. 양파를 곱게 다지고 사과는 가늘게 채썬다. 채썬 사과의 아삭한 식감이 맛있다. 닭가슴살은 삶아서 결대로 찢는다.

3. 2를 한데 섞고, 마요네즈와 레몬즙, 크랜베리잼으로 버무린다.

4. 빵에 수분이 흡수되지 않도록 마요네즈나 버터를 살짝 바르고 루꼴라와 3의 속재료를 넣어 완성한다.

와인의 라벨을 읽는다는 것

처음으로 와인을 직접 골라야 했을 때, 아마 대부분 할인하는 와인 중 라벨이 마음에 드는 것으로 고른 경험이 있지 않을까? 라벨만 보고 그 와인이 어떤 맛인지는 전혀 알 수 없었지만 말이다.

와인의 맛에 영향을 미치는 변수는 매우 많지만 가장 중요한 두 가지를 기억해두면 넓디넓은 와인 세계에서 대략적인 방향 감각이 생겨서 라벨을 보고 이 와인이 어떤 스타일인지 대충 추측할 수 있다. 그중 하나는 기후이고 하나는 포도 품종이다.

폭염 속 복숭아가 더 달콤하게 익는 것처럼 포도도 따뜻한 곳에서 자라면 당도가 높아지고, 반대로 서늘한 곳에서는 산도가 높아진다. 달콤한 포도는 효모에게 풍부한 먹거리를 제공하여 바디감이 강하고 풍부한 아로마와 높은 알코올 도수의 와인으로 탄생한다. 반대로 서늘한 기후에서 자란 산도 높은 포도로 와인을 만들면 상대적으로 가볍고 섬세한 와인이 된다. 이 부분만 기억해도 와인을 고를 때 많은 도움이 된다.

포도 품종은 워낙 종류가 많아 모든 것을 기억하기 어렵다. 대표적인 몇 가지 품종만 머릿속에 넣어두고 그

이후부터는 하나씩 경험하고 기억을 덧대어가며 취향에 맞는 품종을 탐색하면 된다. 레드는 무거운 스타일의 풀바디감을 주는 까베르네 소비뇽Cabernet Sauvignon과 시라(Syrah, 쉬라즈)를 필두로 미디엄바디감의 메를로(Merlot, 멜롯), 라이트한 바디감의 피노 누아Pinot noir를 추가로 맛보면 좋다. 화이트는 가장 친숙한 샤르도네(Chardonnay, 샤도네이)와 소비뇽 블랑을 시작으로 리슬링Riesling, 슈냉 블랑Chenin Blanc 등을 시도해보자. 이러한 기본 품종들의 특징을 기억하고, 이후에 만나게 되는 품종들은 취향에 맞으면 머릿속에 입력, 그렇지 않으면 그냥 잊어버려도 된다.

라벨에 산지와 품종이 명쾌하게 표기되어 있어 이 두 가지를 한 눈에 판별할 수 있는 와인이 있는가 하면 그렇지 않은 와인들도 있다. 여러 품종이 블렌딩되었을 수도 있고, 산지나 와이너리 이름이 아닌 별도의 와인 이름을 써두었을 수도 있다. 도저히 라벨만으로는 와인의 성격을 판단할 수 없을 때 어렵게 생각하지 않고 맛의 특징을 물어보면 되고, 또 약간 더 관심을 가져 이 와인이 만들어진 곳의 기후와 포도 품종 정도를 물어보자. 그러면서 와인의 성격을 대략 짐작하고 실제로 맛봤을 때와 대조해보기도 한다. 그렇게 기후와 품종을 구분해서 마시다 보면 "난 서늘한 곳의 샤르도네가 좋아"처럼 좀 더 구체적인 와인 취향이 생겨날 것이다.

함께 나누는

5월

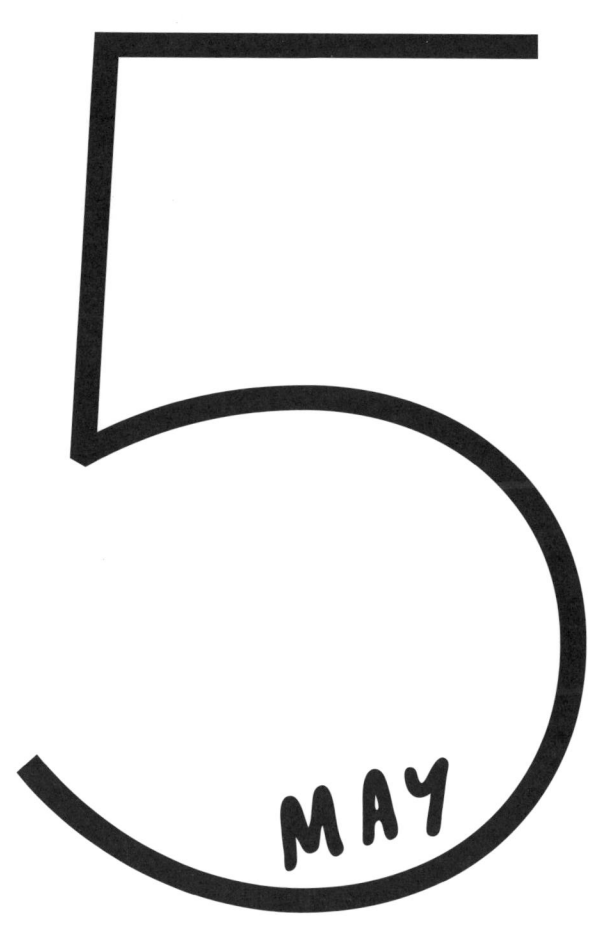

5월의 레드 와인

칠레
까베르네 소비뇽
CABERNET SAUVIGNON

칠레산 까베르네 소비뇽은 우리나라에서 가장 대중적으로 접해온 와인 중 하나다. 유럽 와인들은 비싸다는 인식이 있던 시절부터 저렴한 레드 와인으로 자리 잡으며 지금까지도 마트나 레스토랑의 하우스 와인으로 가장 쉽게 만나볼 수 있어 우리 입맛에 친숙하다. 마시는 순간 헤비한 스테이크가 저절로 떠오르는 진한 바디감의 와인으로, 많은 사람들이 같은 와인을 마셔야 하는 식사 자리에 가장 편하게 추천할 수 있다.

까베르네 소비뇽이라는 적포도 품종은 프랑스 보르도가 고향으로, 전 세계 와인 생산국들에서 가장 많이 기르는 품종 중 하나다. 그만큼 두루 인기가 많으며, 탄탄한 바디감과 풍부하고 진한 과실향, 그리고 허브나 삼나무향 같은 산뜻함이 촘촘히 섞여 인상적인 아로마를 피워낸다. 껍질이 두껍고 빛깔이 진한 만큼 타닌도 많이 함유되어 있다.

칠레는 햇빛이 풍부하게 내리쬐어 포도가 달콤하게 익으면서도 안데스 산맥에서 불어오는 서늘한 바람으로 인해 균형감 좋은 까베르네 소비뇽이 길러진다. 거친 타닌감이 느껴지는 저가 와인이라는 인식도 있었지만 최근에는 고품질 와인이 많이 생산되고 있고, 상대적으로 저렴한 가격대에서도 훌륭한 퀄리티를 보여준다. 너무 흔한 탓에 조금은 저평가되었던 칠레 와인을 두툼한 스테이크와 함께 식사자리에 내어보자. 분명 함께하는 모두가 만족할 수 있는 시간이 될 것이다.

RECIPE CONTINUES →

RECIPE

스테이크

맛있는 스테이크는 표면이 크리스피하고 안쪽에 육즙이 가득하다. 또한 위아래 양면이 동일한 굽기로 익어야 한다. 대수롭지 않게 넘기기 쉬운 몇 가지 포인트만 지키면 누구나 맛있는 스테이크를 구울 수 있다. 맛있게 구운 스테이크에 레드 와인이면 다른 건 아무것도 필요없다.

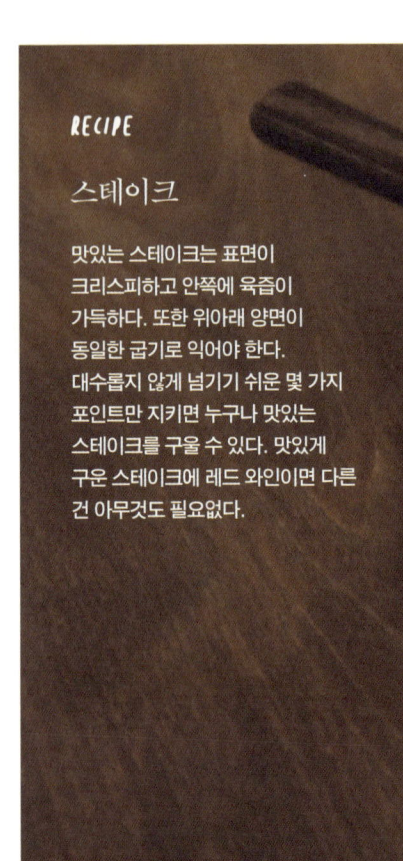

- 스테이크용 두툼한 등심 200g
- 소금과 후추 적당량
- 올리브오일 1큰술
- 버터 1큰술
- 통마늘 1개
- 타임 등 허브

1 **밑준비** 고기는 상온에 15~20분가량 미리 꺼내두고 굽기 전 키친타월로 고기 표면의 수분을 꼼꼼히 닦아낸다.

- 스테이크는 연기가 날 정도로 뜨거운 팬에 올려서 구워야 하는데 냉장고에서 금방 꺼낸 차가운 고기를 올리면 순간적으로 온도가 떨어진다. 또한 수분이 있는 고기를 팬에 올리면 표면이 바삭하게 익지 않는다.

2 **굽기** 팬을 뜨겁게 달군다. 충분히 달군 팬에 올리브오일과 버터를 1:1로 넉넉히 넣는다. 버터가 살짝 타는 듯할 때 고기를 올린다.

- 양면을 동일하게 익히기 위해 타이머를 사용한다. 고기의 두께와 익힘 정도에 따라 시간은 다르지만 2cm 두께 고기를 30초씩 번갈아가며 총 3분 정도 구우면 미디엄 레어로 구울 수 있다.
- 고기를 굽는 중간에 통마늘과 허브를 넣어 버터와 스테이크에 향이 배도록 한다.
- 중간중간 흘러나오는 버터를 숟가락으로 끼얹으면 표면이 더 바삭해지고 풍미가 좋아진다.

3 마무리 구워진 스테이크는 5분가량 레스팅한다.

- 스테이크 양면을 굽고 나면 육즙이 가운데로 몰리게 된다. 이렇게 육즙이 가운데 몰린 상태에서 나이프로 고기를 자르면 육즙이 밖으로 쉽게 흘러나오기 때문에 바깥쪽까지 육즙이 퍼지는 시간을 주어야 한다.

구대륙 와인 vs. 신대륙 와인

와인은 만드는 사람이 매 단계마다 관여하며 완성하는 술이다 보니, 어떤 마음으로 만드는지가 와인의 맛에 많은 영향을 미친다. 그래서 와인의 배경이 되어주는 문화적 차이로 구대륙(프랑스, 스페인, 이탈리아 등 대부분 유럽국가)과 신대륙(미국, 칠레, 호주 등) 스타일을 구분하고 있다.

상수도 시설이 잘 갖춰지지 않은 옛날, 유럽에서는 늘 안전한 마실거리에 대한 고민이 많았고 이에 대한 방편 중 하나가 바로 와인이었다. 이런 동기와 함께 시간이 흘러 와인은 유럽인의 일상 속에 녹아들어 식사자리에 늘 함께하는 음료가 되었다. 매일같이 마시는 와인의 맛이 너무 강렬하면 쉽게 질릴 뿐더러 미각이 지치게 되므로 구대륙의 와인은 대체로 복합적이고 은은하고 섬세한 스타일로 발전하게 되었다.

반면 뒤늦게 산업적인 측면으로 와인에 접근한 신대륙의 경우 오랜 역사와 명성이 있는 유럽 와인과의 경쟁에서 이기기 위해 첫 한 모금에서 강한 인상을 심어줘야만 했다. 풍부하고 강렬한 아로마와 살짝 달콤한 듯한 피니쉬가 특징이며, 와인만 마셨을 때 최고의 맛을 내도록 설계되었다. 그러다 보니 신대륙 스타일의 와인이 와인을 처음 마시는 분들에게는 더 매력적으로 다가갈지도 모른다.

시간이 지나면서 구대륙 와인과 신대륙 와인의 스타일을 단순히 지리적으로 구분하는 것은 의미가 없어지고 있다. 와인시장이 전 세계적으로 워낙 커져서 프랑스를 비롯한 구대륙에서 수출 지향적인 신대륙 스타일의 와인을 만들거나, 미국이나 칠레에서 구대륙 스타일을 지향하는 와인메이커들도 많다. 하지만 여전히 와인의 스타일을 구분하는 용도로는 유의미하게 사용되는 말이니, 어느 쪽 스타일이 더 취향에 맞는지 다양하게 시도해보자.

5월의 화이트 와인

미국
나파 밸리
샤도네이

NAPA VALLEY
CHARDONNAY

가장 친숙한 청포도 품종인 샤르도네는 하얀 도화지 같은 포도 품종이라 일컬어진다. 어디에서 누가 만드는지에 따라 와인 스타일이 굉장히 달라져, 종종 같은 포도 품종이라는 것이 믿기지 않을 때도 있다. 특히 신대륙과 구대륙의 샤르도네는 스타일이 다른데, 명칭도 유럽에서는 샤르도네라고 부르는 반면 미국 등 신대륙에서는 샤도네이라고 부른다. 그래서 샤르도네로 만든 와인이 마음에 들었을 경우 꼭 산지를 함께 기억해 두어야 나

중에 비슷한 스타일의 와인을 선택할 수 있다. 품종만 보고 골랐다가는 기대와 다른 맛에 실망할지도 모른다.

미국 나파 밸리는 좋은 품질의 레드 와인과 화이트 와인이 두루 많이 생산되는 명성 있는 산지이다. 이곳에서는 개성 강한 스타일의 샤도네이가 만들어지는데, 달콤한 열대과일 아로마에 쌉쌀한 오크향이 뒤섞여 꽤 임팩트 있고, 달콤한 바닐라향이 올라오기도 한다. 이런 화이트 와인에는 해산물만 떠올리기보다 의외로 고기 요리를 매치하는 것도 잘 어울린다. 특히 부드럽게 익힌 닭고기와의 조합이 훌륭하다. 레몬을 넣어 촉촉하게 익힌 로스트 치킨과 함께 마셔보자.

RECIPE

로스트 치킨

화이트 와인을 넣어 만든 그레이비(육즙이 들어간 소스)를 듬뿍 뿌린 촉촉한 로스트 치킨은 살짝 바디감이 있는 샤도네이와 아주 잘 어울린다. 재료를 손질한 후 오븐에 넣어 굽기만 하면 되는 쉬운 레시피이다. 그레이비도 설명은 복잡하지만 실제로는 어렵지 않으니 꼭 곁들여보자.

○ 닭 1마리
○ 소금과 후추 적당량
○ 레몬 1개
○ 로즈마리 약간
○ 감자 1/2개
○ 당근 1/2개
○ 양파 1개
○ 마늘 5알

○ 밀가루 1큰술
○ 화이트 와인 1/2컵
○ 물 1/2컵

1 닭 표면의 물기를 키친타월로 닦아낸 뒤 소금과 후추로 밑간을 한다. 레몬은 베이킹소다로 겉면을 씻고 칼로 여기저기 작은 구멍을 낸다.

2 닭 몸통 안에 레몬과 로즈마리를 통째로 넣는다. 이렇게 하면 레몬이 찌듯이 익으면서 닭고기가 촉촉하고 향긋해진다. 닭 껍질이 바삭해지도록 실온에 둔 버터나 올리브오일을 껍질에 골고루 바른다.

3 감자와 당근은 큼직하게 썰어 끓는 물에서 50퍼센트 정도 익힌다.

4 오븐팬에 감자와 당근, 양파, 마늘을 넣고 올리브오일을 넉넉히 뿌린다.

5 4번 야채들 위에 닭을 올리고 180도로 예열된 오븐에 넣는다. 닭의 크기와 오븐 상태에 따라 다르지만 40분~1시간 정도면 잘 익는다. 허벅지 가장 두꺼운 부분을 칼로 찔렀을 때 핏물이 아닌 하얀 육즙이 나오면 다 익은 것이다.

6 **그레이비** 야채와 닭은 접시에 옮겨놓고 오븐팬을 그대로 가스레인지에 올린 뒤 밀가루 한 큰술을 넣어 중불에서 살짝 볶는다. 거기에 화이트 와인을 넣고 바닥에 눌러붙은 야채와 닭고기 부스러기를 싹싹 긁어가며 소스에 우러나도록 한다. 와인이 절반으로 줄어들면 물을 넣고 더 끓인다. 소스에 묽은 점도가 생기면 소금과 후추로 간을 하고 체에 걸러낸다.

5월의 스파클링 와인

미국 캘리포니아
스파클링 와인
SPARKLING WINE

봄부터 여름까지는 가벼워진 옷차림만큼 스파클링 와인을 많이 마시게 된다. 고가의 샴페인은 자주 마시기 어렵지만 스페인 까바나 이탈리아 스푸만테는 합리적인 가격이면서 가볍게 마시기 좋은 스파클링들이다. 최근에는 신대륙에서도 맛있는 스파클링이 많이 나오는데, 특히 호주나 미국 캘리포니아에서 나온 스파클링 와인들이 훌륭하다. 스파클링 와인은 날카로운 산도를 위해 서늘한 기후가 중요한 만큼 신대륙에서도 보통 가장 서늘한 쪽

와이너리에서 생산한다. (샴페인을 생산하는 프랑스 상파뉴 지역도 연간 평균기온이 다른 와인 생산지보다 낮다.) 캘리포니아 스파클링 와인은 샴페인과 마찬가지로 샤도네이나 피노 누아를 베이스로 전통 방식으로 양조하는 경우가 많고, 힘찬 기포와 풍부한 과실향을 가진 선명한 매력의 와인이 만들어진다. 그야말로 파란 하늘을 보면서 마시고 싶은 와인들이다. 캘리포니아에서는 오렌지 주스와 스파클링 와인을 섞어 만든 칵테일인 미모사를 브런치에 많이 곁들이는데, 따뜻한 햇빛을 보며 마시는 미모사는 기분을 한껏 들뜨게 한다.

기분 좋은 하늘을 볼 수 있는 귀중한 봄날, 미세먼지 없는 파란 하늘이 보인다면 선명한 스파클링에 맛있는 부침개를 곁들여보자. 근사한 브런치 메뉴와 미모사의 조합도 좋지만, 고소한 기름냄새가 주는 친숙하고 정다운 분위기에 스파클링 와인은 최고의 조합이다.

RECIPE CONTINUES →

RECIPE

봄나물전

스파클링 와인과 가장 잘 어울리는 음식은 누가 뭐라 해도 부침개라고 대답하고 싶다. 파릇파릇한 봄나물전에 산뜻한 스파클링을 곁들이면 입안에서 일어나는 오묘한 조화가 멋지다. 제철 재료가 주는 기쁨을 한껏 누릴 봄나물전을 만들어보자. 얇고 파삭하게 부쳐낸 부침개를 새콤달콤한 양념 간장에 콕 찍어서 스파클링 와인과 함께 먹고 마시면 더할 나위 없다.

- ○ 각종 봄나물 (참나물, 냉이, 방아, 달래, 쑥 등)
- ○ 부침가루 2/3컵
- ○ 물 1컵

양념 간장

- ○ 간장 4큰술
- ○ 식초 2큰술
- ○ 설탕 1큰술
- ○ 양파 1/4개
- ○ 물 2큰술

1 각종 봄나물은 흙이 없도록 깨끗이 씻은 뒤 적당한 크기로 썰어놓는다.

2 부침가루와 물을 넣어 반죽물을 만들고 봄나물을 섞는다. 그리고 기름을 둘러 뜨겁게 달군 프라이팬에 적당한 크기로 얇게 부친다.

3 <u>양념 간장</u> 양파는 얇게 채썰고 분량의 나머지 재료와 섞으면 완성이다. 취향에 따라 청양고추를 다져 넣어도 좋지만 너무 매우면 와인과 먹기에 어울리지 않을 수 있으니 조금만 넣는다.

꽃과 와인

꽃과 와인만큼 잘 어울리는 한쌍이 있을까. 한 송이 꽃과 아주 작은 노력으로 와인과 함께하는 순간을 더 기분 좋게 만들 수 있다. 꽃과 와인을 함께 즐길 두 가지 방법을 소개한다.

01.

와인잔 플라워 데코

손님을 초대한 식사 자리나 파티 때 쉽게 할 수 있는 와인잔 플라워 데코의 방법은 매우 간단하다. 장미나 카네이션, 리시안셔스처럼 포인트가 되어줄 꽃 한 종류와 왁스플라워처럼 자잘한 꽃 한 종류, 유칼립투스 같은 초록잎 한 종류를 준비한다. 그 다음 세 종류를 각각 한 줄기씩 엮어 아주 작은 부케처럼 만든 후 와인잔에 스카치테이프로 테이핑한다.

○ 손의 체온으로 꽃이 점점 시들 수 있다.
 미리 미니 부케를 만들어서 물컵에
 꽂아두었다가 잔에 붙이는 장식은 최대한
 마지막 순간에 한다.

02.
와인병 플라워 데코

와인병을 꽃으로 장식하면 선물할 때는 물론, 와인을 마실 때도 와인병 자체가 센터피스 역할을 해준다. 잔을 장식하는 것보다는 난이도가 있지만 준비물만 구입하면 보기보다 간단하면서 성취감이 있는 작업이다. 생일 같은 날에 꽃다발을 선물 받았다면 안에 들어 있는 메인 꽃과 작은 꽃, 그린소재를 활용해서 와인병 장식으로 활용해보자.

- 반구형 플로럴폼
- 가는 리본끈 혹은 와이어
- 메인 꽃
- 작은 꽃
- 그린 소재 등

1. 접착이 가능한 반구형태의 플로럴폼(오아시스)을 준비한다. 통에 물을 받아서 플로럴폼이 물을 먹을 수 있도록 담가둔다. 꽃시장 자재 가게나 인터넷에서 쉽게 구입할 수 있다.

2. 플로럴폼을 와인병에 부착한 후 끈으로 묶어준다. 끈은 꽃으로 가려지지 않으니 예쁜 끈으로 묶거나 와인병과 비슷한 색의 와이어를 사용한다. 스카치테이프로 단단하게 고정시켜준다.

3 그린 소재를 꽂아서 전체적인 형태를 잡는다. 아래쪽은 꽃이 잘 고정되지
  않으니 심플하게 하고 정면과 위쪽으로 화려한 라인을 잡아준다.

4 메인이 되는 꽃을 드문드문 꽂아주고 작은 꽃들로 사이사이를 메운다.

더위의 시작,
6월

6월의 레드 와인

이탈리아
토스카나
끼안티 클라시코
CHIANTI CLASSICO

이탈리아 요리에 많이 쓰이는 토마토는 사실 와인과 페어링이 쉽지 않은 식재료이다. 산도가 높아서 웬만한 레드 와인과 조화롭지 않고, 감칠맛이 풍부해서 화이트 와인은 묻힐 때가 많다. 그래서 토마토가 주인공인 음식에는 늘 산지오베제*Sangiovese*를 외친다. 3월에 소개한 네비올로와 함께 이탈리아를 대표하는 포도 품종인 산지오베제는 와인을 처음 마시기 시작한 때부터 지금까지 늘 실패 없는 선택이 되어주는 품종이다. 특히 이탈리아 중부 토스카나 지방의 끼안티 지역은 맛있는 산지오베제가 많이 나오는 지역이면서 가격대도 합리적이라 이탈리안 레스토랑에서 와인을 고를 때는 늘 고민없이 끼안티를 선택했다. 과하거나 부족하지 않고, 유서 깊은 생산지인 만큼 품질이 안정적이다.

산지오베제는 신선한 과실향과 흙내음이 일품이면서 풍부한 산미와 타닌이 조화로운 품종이다. 종종 까베르네 소비뇽을 블렌딩해 탄탄한 와인이 만들어지기도 한다. 산지오베제의 신선한 산도는 토마토와 함께 만났을 때 서로를 돋보이게 해주는 특별한 힘이 있다. 토마토가 맛있어지는 무더운 계절, 여름을 시작하는 레드 와인으로 끼안티 클라시코를 선택해보자.

RECIPE CONTINUES →

RECIPE

토마토 소스 미트볼

토마토 소스를 커다란 냄비 가득 끓이고 미트볼을 빚으면 마음이 절로 훈훈해진다. 마늘과 홀토마토, 올리브오일만으로도 맛있는 토마토 소스를 만들 수 있다. 촉촉하고 부드러운 홈메이드 미트볼도 꼭 한 세트로 즐겨야 한다.

토마토 소스
- ○ 홀토마토 1캔
- ○ 마늘 5알
- ○ 올리브오일 적당량

미트볼
- ○ 다진 소고기 200g
- ○ 다진 돼지고기 200g
- ○ 다진 양파 1/4개
- ○ 우유 1/3컵
- ○ 밀가루 약간

- ○ 파르미지아노 치즈 약간
- ○ 이탈리안 파슬리 약간

1 <u>토마토 소스</u> 중약불에 냄비를 올리고 올리브오일을 넉넉히 두른다. 마늘은 편으로 썰어 볶는다. 마늘이 투명하게 익으며 오일에 마늘향이 배어들면 홀토마토를 넣고 뭉근하게 끓인다.

2 <u>미트볼</u> 분량의 재료들을 잘 섞는다. 생각보다 우유가 많이 들어가 질척하게 느껴지겠지만 잘 빚어서 고기가 수분을 흡수하도록 하는 것이 촉촉한 미트볼의 비법이다. 만약 너무 질척해서 동그랗게 빚기 힘들다면 빵가루를 조금 넣어 점도를 맞춘다. 동그랗게 빚은 후 겉면에 밀가루를 살짝 입혀준다.

3 프라이팬에 기름을 두르고 중불에 미트볼 겉면을 익힌다. 골고루 노릇하게 익으면 토마토 소스를 붓고 천천히 끓인다.

4 잘 어우러진 토마토 소스 미트볼을 그릇에 담고 파르미지아노 치즈와 이탈리안 파슬리를 다져서 올려 마무리한다.

○ 탈리아텔레와 같은 굵은 파스타나 펜네와 같은 숏파스타를 삶아 함께 곁들이면 금상첨화다.

와인을 마시는 온도

더운 여름엔 차갑게 칠링한 화이트 와인이 생각나고 쌀쌀한 바람이 불어오면 풀바디의 레드 와인이 생각난다. 여러 이유가 있겠지만, 와인을 마시는 온도와도 밀접한 관계가 있을 것 같다. 보통 화이트와 스파클링은 낮은 온도로 시원하게, 레드 와인은 상대적으로 높은 온도에서 마시는 것을 권장한다.

와인의 온도가 높을수록 아로마가 풍부하게 피어나고 차가울수록 아로마는 덜 느껴진다. 그래서 아로마를 충분히 느껴야 하는 레드 와인은 보다 상온에 가까운 온도로, 화이트 와인은 상큼한 산미를 느끼며 차갑게 마시는 것이 일반적이다. 날씨가 덥다고 레드 와인을 차갑게 마시면 아로마가 풍성하지 않고 입안에서 타닌감이 도드라지는 경험을 하게 될 수도 있다. 한여름 캠핑장에서 고기를 굽고 맛있는 샤토네프 뒤 파프(Chateauneuf-du-Pape, 프랑스 론 지역의 레드 와인)를 열었는데 너무 더워서 얼음을 한 조각 띄웠다가 바로 후회한 적이 있다. 검붉은 과일향을 자랑하는 이 와인의 매력이 사라지고 떨떠름한 감각만 입안을 채웠다. 반면 여느 화이트 와인을 미지근한 온도로 마시면 마치 실온에 있던 오렌지 주스를 마시는 느낌이다. 청량하고 날카로운 산미는 느껴지지 않고 와인이 무디게 느껴진다.

보통 화이트 와인은 7~13도, 레드 와인은 16~21도 정도를 권유한다. 가벼운 와인일수록 차갑게 마시는 것이 좋다. 레드 와인 중에서도 섬세한 피노 누아나 보졸레 같은 경우는 상대적으로 약간 낮은 온도로, 풀바디의 까베르네 소비뇽이라면 더 높은 온도가 어울린다. 온도를 맞추는 법은 간단한데, 냉장실의 온도가 1~5도 정도이기 때문에, 화이트 와인은 냉장실에서 3시간 이상 보관하다가 와인을 마시기 5~15분 전에 꺼내어 온도를 살짝 높여서 마신다. 레드 와인은 반대로 실온에 보관하다가 와인을 마시기 5~15분 전에 냉장실에 넣어 온도를 조금 낮춰서 마신다. 와인이 적정 온도보다 너무 차서 아로마가 느껴지지 않는다면 잔을 손으로 감싸고 온도를 높이는 것도 방법이다.

스위트 와인이나 스파클링 와인의 경우에는 화이트 와인보다 더 차갑게 마신다. 이들은 냉장고에서 3시간 이상 보관하고 꺼내어 바로 마시면 된다. 만약 칠링할 시간이 부족하다면 아이스 버킷에서 30분, 혹은 (넣어두고 절대 잊어버리지 않는다는 전제하에) 30분 정도 냉동실에 보관하면 된다.

최근 스파클링 와인은 풍부한 아로마를 느끼기 위해 화이트 와인을 마시는 온도에서 샴페인 글라스가 아닌 더 넓고 둥근 일반 와인잔에 마시는 경우도 있다. 취향에 따라 선택하면 되는데, 기포가 주는 질감과 산미를 많이 느끼고 싶다면 차가운 온도에서 좁은 잔에, 향을 잘 느끼고 싶다면 상대적으로 높은 온도에서 넓은 와인잔으로 마시면 된다.

6월의 화이트 와인

아르헨티나
토론테스
TORRONTES

여름이 무르익으면 갑자기 토론테스가 생각난다. 입맛 없는 여름날 차갑게 삶은 우동이나 소면에 레몬 한 조각 올리고 칠링한 토론테스 한 잔. 어쩐지 차가운 여름 음식에 특히 잘 어울리는 와인 같다.

남미의 와인 산지 중 칠레가 우리에게 가장 잘 알려졌지만, 사실 생산량과 소비량 모두 아르헨티나가 더 많은 편이다. 높은 고도에서 충분한 햇빛을 쬐고 자라난 포도로 만든 에너제틱하면서 균형 잡힌 와인이 많이 생산된다. 아르헨티나를 대표하는 적포도 품종이 말벡Malbec이라면 대표 청포도 품종은 토론테스이다.

토론테스는 선명한 청포도향을 지닌 매력적인 품종이다. 종종 산도가 떨어진다는 아쉬움을 지적받는 경우도 있는데, 오히려 맛이 진하지 않은 초여름 음식에는 장점이 될 수 있지 않을까? 어느 저녁, 차가운 냉우동과 소박한 주먹밥에 차가운 토론테스, 그리고 디저트로는 올여름 첫 수박. 초여름날의 이상적인 저녁식사다.

RECIPE CONTINUES →

RECIPE

냉우동과 오니기리

토론테스는 아시아 요리와도 잘 어울린다. 특히 깔끔한 일식 메뉴와 함께 먹으면 각각의 매력이 살아난다. 차가운 냉우동과 오니기리로 담백한 식사를 준비해서 차가운 토론테스를 곁들이자.

2인분

- 우동면 2봉지
- 쯔유 4큰술
- 진간장 2큰술
- 맛술 1큰술
- 설탕 1작은술
- 무 조금
- 대파 조금

오니기리
- 밥 1공기
- 소금 약간
- 김

1. <u>오니기리</u> 갓 지은 쌀밥에 소금을 섞은 다음 삼각형 모양으로 오니기리를 만든다. 조미되지 않은 김으로 감싼다.

2. **냉우동** 쯔유와 진간장, 맛술, 설탕을 섞어 소스를 만든다. 우동면은 삶아서 차가운 물과 얼음으로 헹궈 차갑게 준비해둔다. 무는 강판에 갈고 물기를 짜서 준비한다. 대파의 하얀 부분을 총총 썰어둔다.

3. 그릇에 차가운 우동면과 간 무, 대파를 올리고 소스를 부어 시원하게 먹는다.

샴페인 미스터리

샴페인이 특별한 이유는 많지만, '최초의 스파클링 와인'이라는 위치를 선점했다는 점을 빼놓을 수 없다. 사실은 최초의 스파클링이라기보다 최초로 스파클링 와인을 '완성'한 지역이라는 설명이 맞겠다. 스파클링 와인의 양조방법이 체계적으로 정립된 것은 그다지 오래되지 않았다. 샴페인은 병 내부의 압력이 수심 50m와 비슷할 정도로 높다고 한다. 당연히 코르크가 터지거나 병이 깨지는 등 문제가 많았는데 모든 문제점들을 하나씩 해결해 나가며 지금 형태와 같은 스파클링 와인의 양조방법을 최초로 정리한 곳이 바로 프랑스 샹파뉴 지역이다.

프랑스의 와인 산지 중 서늘한 편에 속하는 샹파뉴는 사실 포도가 잘 익지 않아 와인을 만들기 좋은 지역이 아니었다. 다른 산지보다 늦은 10월에 포도를 수확하고 발효를 시작할 수밖에 없었다. 과거 어느 날, 날씨가 추워짐과 동시에 발효가 멈춰서 병입을 했는데 이는 사실 발효가 끝난 것이 아니라 낮은 기온으로 인해 효모 활동이 정지한 상태였다. 따뜻한 봄이 되면서 다시 발효가 시작되자 병 내부에 이산화탄소가 가득 찼고 까브(Cave, 지하 와인 저장고)에 보관되어 있던 와인들은 그 기압으로 인해 펑펑 터지기 시작했다. 지금은 병 안에

서 발효가 일어나는 이 과정이 스파클링 와인을 구분하는 가장 중요한 양조 단계가 되었지만, 당시 효모로 인한 발효과정을 정확하게 알지 못했던 상파뉴의 수도원에서는 기이한 현상에 놀랄 수밖에 없었다. 그리고 그중 터지지 않은 와인을 마시면서 "Come quickly, I'm tasting the stars!"라는 말을 한 사람이 바로 '돔 페리뇽'이다.(유명 샴페인 브랜드인 모엣&샹동에서 만드는 고급 샴페인 라인의 이름이기도 하다.) 이 유명한 일화는 사실 광고 카피였다고 전해지지만 코르크를 막는 철사를 개발하는 등 현대의 샴페인 양조에 있어서 돔 페리뇽의 영향과 노력은 빼놓을 수 없다.

병 안에서 효모의 2차발효가 진행되면 발효가 끝난 효모의 찌꺼기가 내부에 남게 되는데 이를 제거하기 위한 방법이 필요했다. 병 안에는 엄청난 기압의 이산화탄소로 꽉 차 있는데 그 안에 하얗게 남은 효모 찌꺼기를 제거해야 하다니. 사실 병입 후 2차발효 스파클링을 최초로 만들어낸 것은 상파뉴가 아닌 프랑스 남쪽의 리무 지역인데, 리무에서는 이 효모 찌꺼기를 제거하는 문제를 해결하지 못했다. 그러나 마침내 상파뉴에서 쀼뻬트르*Pupitre*라는 나무선반을 디자인해 이 찌꺼기를 제거하는 방법을 개발했고, 이 방법을 고안한 사람이 바로 우리가 잘 알고 있는 '뵈브 클리코' 여사이다. (역시 이 이름을 딴 고급 샴페인이 알려져 있다.) 그래서 우리는 돔 페리뇽을 샴페인의 아버지, 뵈브 클리코를 샴페인의 어머니라고 부른다.

중세시대 상파뉴 수도원에서 시작된 미스터리한 와인은 오늘날 우리를 가장 행복하게 해주는 와인이 되었다. 마냥 바라만 보아도 기분 좋아지는 몽글몽글 기포에 산뜻한 과실향과 고소한 비스킷 풍미가 더해진 샴페인은 잔 안에 담긴 행복 그 자체다. 불안한 기후에 우연이 더해져 탄생한 이 신비스런 와인은 특히 축하할 일이 있을 때 우리 곁을 지키는 와인의 대명사가 되었다.

6월의 스파클링 와인

프랑스
블랑 드 블랑
BLANC DE BLANCS

블랑 blanc은 프랑스어로 흰색을 뜻한다. '블랑 드 블랑'이란 청포도 품종만을 사용해서 만드는 샴페인이다. 샴페인을 만드는 포도 품종은 크게 세 가지로, 샤르도네(청포도)와 피노 누아(적포도), 피노 뫼니에르(Pinot Meunier, 적포도)가 있다. 그러므로 블랑 드 블랑은 샤르도네를 100% 사용한다. 추운 기후에서 자라난 샤르도네가 만들어내는 청초함에 버블이 들어간 매력적인 샴페인으로, 청사과 같은 산뜻함과 고소한 발효향의 조화가 아름답다. 이와 반대로 블랑 드 누아 *blanc de noirs*가 있는데, 적포도 품종인 피노 누아와 피노 뫼니에르만을 사용해서 샴페인을 만드는 경우이다.(누아는 프랑스어로 검은색이다.) 보다 아로마가 짙고 풍부하다. 블랑 드 블랑이나 블랑 드 누아가 아닌 샴페인은 대부분 청포도와 적포도를 블렌딩해서 만든다.

마실 때마다 샴페인에 대한 사랑이 커지게 되는 블랑 드 블랑. 주변이 초록으로 물드는 초여름은 블랑 드 블랑과 가장 어울리는 시즌이다. 다가올 무더위를 걱정하기에 앞서 평범한 날도 특별하게 만들어줄 산뜻한 샴페인과 하루를 보내보자.

RECIPE CONTINUES →

RECIPE

과일 부르스게타

샴페인은 기포가 있기 때문에 곁들이는 음식도 바삭하거나 오독오독한 거친 식감이 있는 것이 어울린다. 얇게 썬 바게트를 바삭하게 굽고 견과류를 넣은 스프레드를 만들어 달콤한 여름과일을 올려보자.

- 바게트 3~4쪽
- 리코타 치즈 200g
- 아몬드 10알
- 메이플 시럽 2큰술
- 제철 과일 적당량
  (사과, 살구,
  천도복숭아 등)

1 아몬드는 기름을 두르지 않은 팬을 중불에 올리고 노릇하게 볶는다. 이렇게 하면 견과류 안의 기름이 열에 닿으면서 더 고소하고 풍미 있어진다. 볶은 아몬드는 칼로 굵게 다진다. (호두를 한두 알 섞어도 좋다.)

2 볼에 리코타 치즈와 메이플 시럽, *1*의 다진 아몬드를 넣고 잘 섞는다.

3 얇게 자른 바게트 위에 *2*의 스프레드를 바르고 적당한 크기로 자른 제철 과일을 취향껏 얹어 마무리한다.

4 *2*의 리코타 치즈 스프레드는 크래커에 곁들여도 맛있고, 샌드위치나 샐러드에 활용하기도 좋다.

7월의

남프랑스 여행

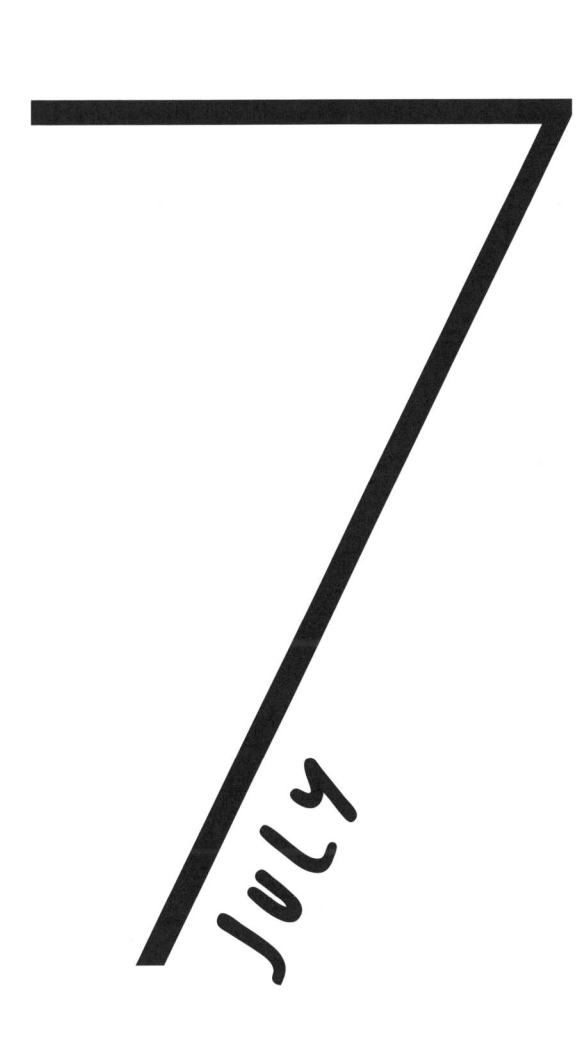

7월의 레드 와인

프랑스
랑그독
그르나슈
LANGUEDOC GRENACHE

라벤더밭이 끝없이 펼쳐지는 여름날 남프랑스는 많은 사람들이 꿈꾸는 여행지가 아닐까. 여유로운 휴가를 생각하면 가장 먼저 떠오르는 남프랑스의 와인에선 왠지 연보랏빛 꽃향기가 나는 기분이다.

그르나슈는 스페인의 가르나차와 동일한 포도품종으로, 남프랑스의 대표적 와인 산지인 랑그독에서 많이 생산되는 적포도 품종이다. 랑그독에서는 무베드르*Mourvedre*나 까리냥*Carignan* 등 다양한 품종이 재배되고 있는데, 짙은 빛깔과 높은 타닌이 특징인 이들과 다르게 그르나슈의 비중이 높은 와인은 가벼운 과일향에 대체로 강하지 않은 타닌감을 갖고 있다. 양고기나 돼지고기 같은 가벼운 육류에 잘 어울리고, 아니면 바게트에 버터를 살짝 바르고 햄과 루꼴라만 끼워서 샌드위치를 만들어 먹어도 맛있다. 가게 근처에 맛있는 샌드위치집이 있다. 세 가지 종류의 햄을 두툼하게 썰어넣은 콤비네이션 샌드위치는 가히 인생 샌드위치라 부르고 싶다. 이곳에서 샌드위치를 사가시는 손님들께 늘 랑그독 그르나슈를 추천했는데, 99%는 재방문해서 똑같은 샌드위치와 똑같은 와인을 가져가셨다. 맛있는 음식과 맛있는 와인이 만나서 만들어내는 그 이상의 시너지를 경험하면 무엇을 먹든 와인을 찾게 된다. 비싼 레스토랑에서의 와인 페어링만이 아니라 주변에서 찾을 수 있는 모든 음식과 와인에 가능성이 잠재되어 있는 것을 꼭 염두에 두어야 한다.

RECIPE CONTINUES →

RECIPE

살사
베르데와
양갈비
스테이크

살사 베르데salsa verde는 초록색 소스라는 뜻으로, 허브향이 물씬 나면서 시큼짭짤한 감칠맛이 넘치는 소스다. 고기는 물론 해산물과도 잘 어울리고 재료만 구입하면 간단하게 만들 수 있다. 요즘은 냉장 양갈비를 쉽게 온라인몰이나 마트에서 구할 수 있으니, 맛있게 구워서 살사 베르데를 곁들여보자.

○ 양갈비 2쪽
○ 올리브오일

살사 베르데
○ 이탈리안 파슬리 1줌
○ 케이퍼 1/2큰술
○ 안초비 1개

1 살사 베르데 재료는 푸드 프로세서에 곱게 갈거나 절구로 빻는다. 허브를 가득 넣어 산뜻하면서 안초비와 케이퍼가 들어가 감칠맛이 풍부하다.

2 준비한 양갈비는 5월의 스테이크 굽는 것과 같은 방법으로 굽는다. 상온에 꺼내둔 고기를 표면의 수분을 잘 제거한 후 뜨거운 팬에서 올리브오일로 굽는다. 양고기는 보통 레어에서 미디엄레어로 구워야 맛있다.

영화 〈파리로 가는 길〉과 프랑스 와인

아름다운 프랑스 풍경에 푹 빠지게 되는 영화 〈파리로 가는 길〉은 와인을 빼고 얘기할 수 없는 영화다. 영화관에서 영화를 보는 내내 어찌나 와인이 마시고 싶던지. 프랑스 남동부 칸Cannes에서 론강을 따라 리옹을 거쳐 파리로 가는 여정에는 와인이 내내 함께한다. 론의 최고급 와인을 마음껏 시켜 새끼양구이와 함께 먹던 호텔에서의 저녁식사 장면은 넋을 잃게 만들고, 강가에서 피크닉 바구니를 펼쳐놓고 생치즈와 와인을 먹는 장면은 보는 이들의 마음 한편 로망으로 자리 잡았다.

이들이 마시는 와인은 지역을 옮겨가며 조금씩 달라진다. 출발하자마자 들른 레스토랑에서 주인공이 메론과 햄에 곁들인 와인은 샤토네프 뒤 파프이다. 프랑스 남부 론Rhone 지방에서 만들어진 이 와인은 론강을 따라 흘러온 자갈들이 퇴적된 곳에서 햇빛을 가득 머금고 자라난 포도로 만든 고급 와인이다. 스파이시한 후추향과 달콤한 향신료, 말린 허브와 싱그러운 붉은 과실의 아로마가 조화를 이루는 멋진 와인이다. 짭짤한 샤퀴테리(Charcuterie, 프랑스 스타일 육가공품)와 달콤한 메론 조합에 잘 어울린다.

조금 더 북쪽으로 이동한 뒤의 호텔 디너에서는 론 북부의 최고급 와인들이 등장한다. 처음으로 마시는 와인은 꽁드리유*Condrieu*로, 비오니에*Viognier*를 베이스로 한 압도적인 아름다움을 보이는 화이트 와인이다. 꽃을 한가득 담은 향수처럼 황홀하기 그지없다. 그리고 시라로 만드는 꼬뜨 로띠*Côte Rôtie*의 우아하면서 강인한 레드 와인을 새끼양 구이에 곁들인다. 사치스럽기 그지없는 와인 리스트다.

파리에 도착하기 전, 베젤레*Vezelay*에서의 마지막 저녁식사에서는 루아르*Loire* 지역의 화이트 와인인 디디에 다그노의 실렉스*Didier Dagueneau Silex*를 마신다. 한 사람이 루아르 푸이 퓌메의 토양과 와인의 미네랄에 대한 설명을 마구 늘어놓기 시작하고 다른 한 사람은 관심 없는 듯 흘려듣는 장면이 인상 깊다.

영화 속 여행길에서 남쪽에서 북쪽으로 올라가며 등장하는 와인이 달라지는 것처럼, 프랑스 와인의 가장 큰 매력은 산지별로 보이는 뚜렷한 개성에 있다. 보르도와 부르고뉴, 론을 비롯해 상파뉴, 루아르, 알자스 등 프랑스 와인은 유명한 산지들을 중심으로 구분되기 때문에 프랑스 와인을 이해하기 위해서는 이 산지들을 구분하는 것이 필요하다. 그래서 프랑스 와인에 다가갈 때 가장 먼저 알아야하는 것이 바로 원산지 표기 규정이자 와인의 등급체계인 AOC *Appellation d'Origine Controlee*이다.

프랑스 와인의 높은 품질과 산지별로 구분되는 개성은 AOC를 통해 보존되고 있다. 예를 들어 보르도는 AOC를 받은 지역이므로 보르도의 AOC 규정을 따라 만든 와인이라면 라벨에 'Appellation Bordeaux Controlee'라고 표기할 수 있다. 이 표식이 갖는 의미는, 이 와인이 명성 있는 와인 산지인 보르도에서 만들어졌으며 정해진 포도 품종과 양조방식을 준수했음을 의미한다. 'Appellation Margaux Controlee'라고 써 있다면 보르도의 세부 지역인 마고*Margaux*의 와인이라는 뜻으로,

'에르미타주'에서 생산된 와인의
AOC 표기 예시.

* AOC는 2009년에 AOP *Appellation d'Origine Protégée*로 변경되었는데 같은 개념으로 이해해도 무방하며, 현재 와인 라벨에서는 혼용되어 AOC로 표기하는 경우도 있고 AOP로 표기하는 경우도 있다.

마고 지역 안에서 수확한 포도로 마고의 특성에 맞게 와인이 만들어졌음을 뜻한다. 이 AOC 단위는 지역이 좁으면 좁을수록 그 요건을 만족시키기 까다롭다. 즉, 보르도 와인이 되는 것보다 마고 와인이 되는 규정이 더 어렵다는 뜻이다.

사실 AOC는 프랑스 와인의 라벨을 복잡하게 만드는 주범 중 하나다. 부르고뉴만 해도 그 안에 세부 AOC가 100개를 훌쩍 넘을 정도이니 말이다. 한편으로는 AOC 덕분에 프랑스가 최고의 와인생산국으로 명성을 쌓을 수 있었다고 해도 과언이 아니고, 실제로 와인 가격이 치솟게 된 배경에도 AOC가 있다. AOC로 지정된 지역과 그렇지 않은 지역은 와인 가격의 단위부터 달라지기 때문에 이를 둘러싼 지역 간, 혹은 와이너리 간 갈등도 참 많았다. 최근에는 까다로운 규정 탓에 와인메이커들의 자율성이 저하된다는 비판도 받고 있어서 자발적으로 AOC의 바운더리에 들어가는 것을 거부하는 와인메이커들도 있다.

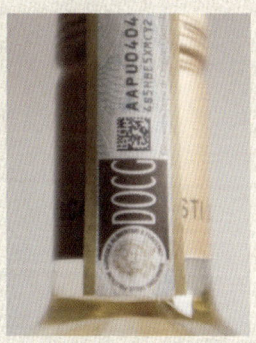

다른 유럽국가에도
AOC 같은 규정이 있다.
이탈리아의 고품질
산지는 DOC와 DOCG로
표기한다.

7월의 화이트 와인

프랑스
론
비오니에
RHONE VIOGNIER

꽃향기 가득한 론의 화이트는 마음을 설레게 하는 힘이 있다. 들꽃을 엮어 만든 커다란 부케를 팔 안에 넘치듯 들고 있는 기분이 든다. 프랑스 소도시로 여행을 간 적이 있는데, 커다란 공원의 오솔길을 걷는 동안 바람결에 길가를 따라 핀 꽃냄새가 느껴졌다. 론의 화이트 와인을 마실 때 종종 그날의 기억이 떠오른다.

모든 청포도 품종 중 가장 화려한 아로마를 가진 품종은 비오니에가 아닐까. 그래서 멋진 비오니에의 아로마를 맡을 때는 '이게 정말 포도

만으로 만든 게 맞나?'라는 의문까지 든다. 그만큼 다른 화이트 와인들과는 구분되는 독특한 매력이 있다. 따뜻한 기후에서 잘 자라는 포도 품종이라 프랑스의 론이나 랑그독과 같은 남부 지방에서 길러지며, 최근엔 캘리포니아에서도 재배되고 있다. 고급 포도품종이라 론에서는 다른 포도와 블렌딩을 하는 경우가 많다. 바디감과 아로마가 풍부하면서 약간 오일리한 느낌도 난다.

여름에는 아무래도 무거운 맛보다는 가벼운 화이트나 스파클링을 자주 찾게 된다. 그것도 시트러스 풍미와 산도가 강하고, 바디감과 알코올 도수가 낮은 와인을 마시게 되는데, 그러던 중 론의 화이트를 마셨을 때 거기서 오는 자극이 굉장했다. 아마 저염식을 하다가 오랜만에 짭짤한 음식을 먹었을 때의 자극과 비슷하지 않을까? 더운 날씨에 론의 비오니에를 마시면 갑자기 하얀 꽃이 가득 피어 있는 들판으로 순간 이동을 한 기분이다. 기대했던 여행의 끝에 아쉬움을 달래기 좋은, 여름 화이트 와인으로 론의 비오니에를 추천한다.

RECIPE CONTINUES →

RECIPE

구운 관자와 레몬버터 소스

버터향이 풍부한 소스와 잘 익힌 관자는 론의 쌉쌀한 비오니에에 제격이다. 특히 이 레몬버터 소스는 구운 새우나 연어 등 각종 해산물 요리에 잘 어울려 활용도가 높다. 만들기는 간단하지만 예쁘게 플레이팅하면 뿌듯해지는 요리이다.

- 관자 2쪽
- 버터 2큰술
- 레몬 1/4개
- 다진 마늘
- 소금 약간
- 올리브오일

1 <u>소스</u> 작은 팬에 버터와 다진 마늘을 넣고 약불에서 녹인다. 버터가 녹으면 레몬즙을 넣어 잘 섞이도록 저은 후 소금으로 간을 한다. 반드시 낮은 온도에서 만들어야 한다.

2 키친타월로 관자 표면의 물기를 닦아낸 뒤 소금으로 간을 한다.

3 뜨겁게 달군 프라이팬에 올리브오일을 넣고 관자의 겉면이 노릇노릇해지도록 2분가량 익힌다. 양면을 40초~1분 사이로 짧게 익히며 안쪽이 너무 익어 질겨지지 않도록 주의한다.

4 그릇에 소스를 담고 위에 관자를 올린 뒤 소금을 살짝 뿌린다. 타임 같은 허브잎으로 장식해서 마무리한다.

7월의 로제 와인

프랑스
프로방스
로제 와인
PROVENCE VIN ROSE

연한 핑크빛을 띠는 프로방스의 로제 와인을 마시면 기분이 금세 말랑말랑해진다. 아직 해가 다 떨어지지 않아 어스름한 저녁, 로제 와인에 얼음을 동동 띄워 마셔보면 어떨까.

보통 청포도로 화이트 와인을, 적포도로 레드 와인을 만든다. 그렇다고 해서 로제 와인이 로제 소스 파스타처럼 화이트와 레드 품종을 섞어 만든 것은 아니다. 레드 와인을 만드는 적포도를 사용하되 껍질에서 붉은빛을 살짝만 추출한 후 화이트 와인과 비슷한 방식으로 양조하는 것이 일반적이다. 이렇게 산뜻하게 만들어진 로제 와인은 오래 숙성하지 않고 신선한 상태로 마시고, 레드 와인과 화이트 와인의 성격을 모두 갖고 있다 보니 다양한 식재료와 페어링이 가능하다는 장점이 있다. 해산물, 육류를 가리지 않고 어울리기 때문에 식사할 때 와인을 많이 마시는 유럽에서는 로제 와인 소비 비중이 높은 편이다. 프로방스 지방이 와인 생산지로 주목받는 곳은 아니지만, 로제 와인만큼은 아주 매력적이다. 이곳에서 만드는 와인의 70%가 로제일 정도로 프랑스에서 로제 와인을 가장 많이 생산하는 곳이며, 그르나슈, 시라, 무베드르 같은 적포도 품종으로 만든다. 껍질과 즙의 접촉 시간을 짧게 해서 다른 지역 로제보다 분홍빛이 약간 옅은 편이고 대부분 1~2년 안에 신선할 때 마신다. 어떤 음식이든 멋지게 페어링되는 프로방스의 로제 와인을 시원하게 마시면 무더위도 조금쯤 낭만적이지 않을까?

RECIPE

보드카 로제 파스타

로제 와인에 로제 파스타라니 너무 단순한 페어링이라고 생각할 수도 있지만, 이 파스타의 비법은 보드카에 있다. 보드카가 들어가면서 훨씬 생기 있어진 파스타와 로제 와인을 함께 마셔보자. 통통한 새우를 넣으면 와인과 더 잘 어울린다.

2인분

- 펜네 200g
- 소금 약간

소스

- 양파 1/4개
- 다진 마늘 1작은술
- 보드카 1/4컵
- 토마토 소스 3큰술
- 생크림 1/3컵
- 새우 적당량
- 올리브오일

1 끓는 물에 소금을 넉넉히 넣고 파스타를 삶는다. 포장지에 써 있는 시간보다 1~2분 정도 짧게 삶는다. 양파는 곱게 다진다. 중불로 달군 프라이팬에 올리브오일을 두르고 다진 양파와 다진 마늘, 새우를 넣고 볶는다.

2 양파와 마늘이 투명해지면 보드카를 넣고 알콜이 날아갈 때까지 끓인다. 혹시 불이 붙을 수도 있으니 주의할 것.

3 보드카가 1/2분량으로 졸아들면 토마토 소스를 3큰술 넣는다. 보드카와 토마토 소스가 잘 섞이면 불을 중약불로 줄이고 분량의 생크림을 넣는다.

4 소스에 삶은 파스타를 넣고 잘 섞어서 마무리한다.

떠나고 싶은
8월

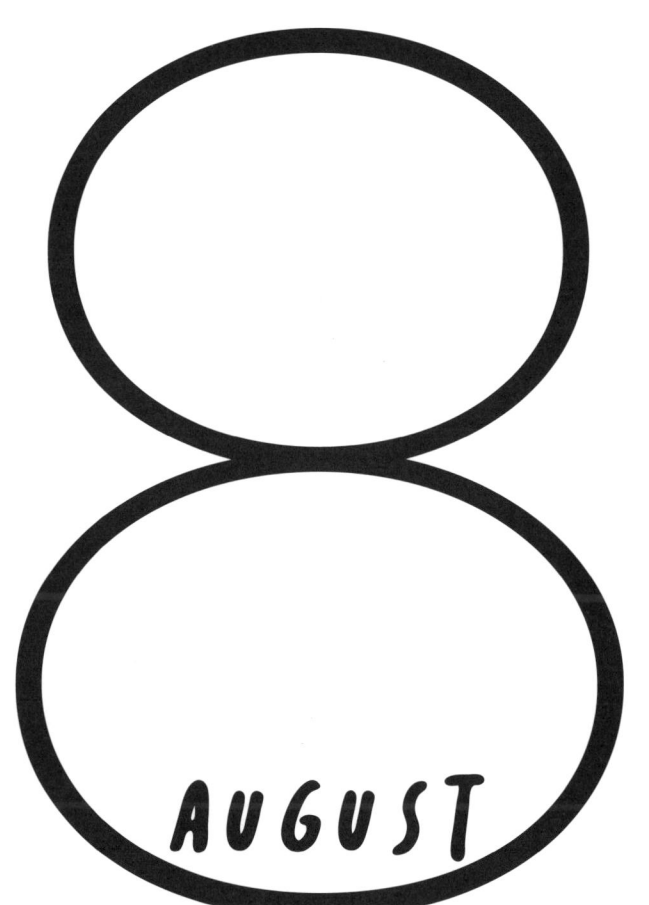

8월의 레드 와인

프랑스
보르도
BORDEAUX

보르도 와인에서 느껴지는 고유의 흙내음은 해가 질 때까지 모래에 파묻혀 놀던 어린 시절 놀이터를 떠올리게 한다. 마른 흙먼지 향에 과실향과 스파이시한 후추향이 섞인 복잡하고 오묘한 향은 보르도 와인만이 갖고 있는 독특한 정서를 보여준다.

보르도는 전 세계 최고의 레드 와인을 생산하는 지역으로, 그 중심에 흐르는 지롱드 Gironde 강을 기준으로 왼쪽과 오른쪽의 와인 스타일이 매우 다르다. 강 왼쪽의 대표

수확 직전의 포도.

적인 산지인 메독과 같은 곳은 까베르네 소비뇽을 베이스로 한 탄탄한 스타일을 만들고, 생떼밀리옹Saint-Emilion, 포므롤Pomerol 등 강의 오른쪽은 메를로의 비중이 높은 부드러운 와인들을 만든다. 보르도에는 다양한 AOC가 있지만 이 강을 기준으로 와인을 구분하면 상대적으로 쉽게 이해할 수 있다. 특히 생떼밀리옹은 프랑스에서도 아름답기로 손꼽히는 곳인데, 그만큼 맛있는 와인도 많이 나온다. 특징적인 흙내음과 버섯향이 은은한 과실향과 섞이고 입안에서 느껴지는 보들보들한 타닌의 질감도 인상적이다.

도시에서 생활하면 흙을 만지기는커녕 밟는 일도 흔치 않다. 그러던 중 보르도 와인의 아로마를 맡으면 잠시나마 손톱 밑이 새까매지도록 흙을 만지고 놀던 때로 돌아간 것 같다. 아스팔트 위로 올라오는 열기에 지친 8월, 기분 좋은 흙내음의 보르도 레드 와인을 마셔보자.

생떼밀리옹 마을 전경.

RECIPE CONTINUES →

RECIPE

시금치를 채운 버섯요리

버섯은 어디에 넣어도 맛있는 식재료이지만 늘 부재료로 사용되곤 한다. 이번에는 버섯이 메인이 되는 요리를 해보면 어떨까. 버섯과 시금치의 어렴풋한 흙내음, 잣의 고소함, 크림치즈의 부드러움까지 모두 보르도의 와인과 잘 어우러진다.

- 표고버섯 4개
- 시금치 한 줌
- 잣 1큰술
- 다진 마늘 1작은술
- 크림치즈 1.5큰술
- 빵가루 1큰술
- 파르미지아노 치즈
- 올리브오일

1. 시금치는 2cm 정도 길이로 적당히 자르고 표고버섯은 기둥을 제거해서 준비한다.

2. 뜨겁게 달군 프라이팬에 올리브오일을 살짝 두르고 중불에서 다진 마늘과 잣을 볶는다. 마늘이 투명하게 익으면 시금치를 넣고 가볍게 1~2분 정도 볶아준다.

3. 볼에 크림치즈를 담고 2의 볶은 시금치와 섞는다.

4. 오븐팬에 표고버섯을 윗면이 바닥에 닿게 올리고 3을 버섯 움푹 패인 안쪽에 채운 뒤 위에 빵가루와 파르미지아노 치즈를 뿌린다.

5. 180도로 예열한 오븐에서 윗면이 노릇노릇해질 때까지 10분 굽는다.

와인과 프루스트 효과

뇌에 저장된 기억을 일깨우는 것엔 후각적 정보가 큰 효과를 준다. 마르셀 프루스트의 《잃어버린 시간을 찾아서》에 나오는 마들렌처럼, 과거에 맡아본 냄새를 다시 맡게 되면 평소에는 잊고 있었던 그 당시 기억이 생생하게 살아난다고 한다. 이제껏 마셔온 와인의 아로마도 뇌 속에 마셨던 날의 기억과 함께 저장되어 있을지 모른다.

소박한 그라브(Grave, 보르도 메독의 남쪽) 와인을 마실 때는 어김없이 생떼밀리옹 마을 전경을 바라보며 이 와인을 마셨던 시간이 떠오르고, 부드러운 뫼르소(Meursault, 부르고뉴의 화이트 와인이 유명한 지역)를 마시면 결혼 전 가족여행으로 떠난 도쿄에서 와인과 함께한 점심식사가 기억난다. 쥐브레 샹베르땅 *Gevrey Chambertin*을 마시면 런던에서의 추억이 떠오른다. 유학 중인 나를 만나러 온 (지금은 남편이 된)남자친구가 한국으로 돌아가는 날, 단골 와인숍에서 큰맘 먹고 산 프리미에 크뤼 (Premier Crus, 150쪽 '부르고뉴 와인의 특별함을 마시는 법' 참고)를 테이트모던 앞 잔디밭에서 플라스틱잔에 마셨었다. 피에몬테 바르베라 *Barbera*의 달콤한 아로마는 한국에 돌아와 레스토랑 공사가 한창이던 추운 겨울을 떠오르게 한다. 한파가 휘몰아친 어느 날, 공사가 마무리된 기념으로 멋진 식사를 준비하고 싶었는데 동파로 수도가 꽁꽁 얼어서 결국 족발을 시켜서 와인과 먹었던 웃지 못할 추억이 생긴 날. 어쨌든 참 맛있기는 했다.

기억하고 싶은 날 한 병의 와인을 마시면 그때 나눈 대화, 함께 먹은 음식, 들었던 음악 등이 병 안에 모여 있다가 소중한 추억으로 피어난다. 아무리 즐거운 기억도 조금씩 잊혀지기 마련인데, 언젠가 와인이 촉매가 되어 그 순간이 생생하게 떠올라 살며시 미소 짓게 된다면 행복을 저장해두는 기분이 아닐까? 갓 구운 마들렌처럼 와인의 아로마도 과거로 돌아가게 하는 힘이 있고, 즐거웠던 추억 속으로 돌아갈 수 있는 시간여행의 티켓값은 와인 한 병이다.

8월의 화이트 와인

프랑스
루아르 상세르
소비뇽 블랑
LOIRE SANCERRE
SAUVIGNON BLANC

본격적인 더위에는 청량함을 주는 와인이 최고다. 가벼운 바디감에 상큼하고 깨끗한, 덥고 눅눅한 공기를 리프레시시켜 줄, 상세르의 소비뇽 블랑 같은 와인.

프랑스 루아르 밸리는 소비뇽 블랑의 본고장으로, 특히 상세르가 대표적인 산지이다. 3월의 화이트로 추천한 뉴질랜드 말보로 소비뇽 블랑이 풍부한 과실향과 높은 산도를 보인다면, 프랑스 상세르의 소비뇽 블랑은 보다 풀내음이나 라임, 허브 등의 아로마가 특징이다. 아로마의 캐릭터도 다르지만 보다 큰 차이점은 와인에서 느껴지는 미네랄에 있다.

상세르의 소비뇽 블랑은 부싯돌 같은 독특한 미네랄향이 특징이다. 부싯돌향은 라이터에 불을 붙일 때 탁탁 올라오는 약간 매콤한 연기 냄새와 유사한데, 이 개성 있는 아로마가 소비뇽 블랑 품종의 과실향과 섞여 탁 트인 잔디밭을 연상케 한다. 상세르 와인의 두드러지는 미네랄은 이 지역 토양의 풍부한 석회질에서 기인한다. 그래서 상세르 와인을 마실 때마다 포도를 기르는 땅이 와인에 주는 영향력을 여실히 느끼게 된다.

'떼루아(Terroir, 테루아르)'는 포도가 나고 자란 모든 환경을 총칭하는데, 토양이나 지리, 기후 같은 전반적인 특성뿐만 아니라 포도 수확 연도의 날씨까지 포함하는 넓은 개념이다. 사전적으로는 '풍토' 정도로 이해하기 어렵지 않지만, 워낙 포괄적인 의미를 담고 있어서 이 떼루아가 와인에 어떻게 작용하는지 체감하는 것은 쉽지 않았다. 그러던 중 상세르의 와인을 마시면서 마침내 한 걸음 다가선 것 같은 기분이 들기도 했다. 와인을 만드는 것은 인간이 하는 일이지만 사실은 자연의 결과물을 담는 것이 인간의 역할이 아닌가 하고 새삼 생각해보는 날이었다.

RECIPE CONTINUES →

RECIPE

시트러스 샐러드

쌉쌀한 야채들에 자몽과 오렌지, 레몬, 라임 등 여러 시트러스 계열 과일과 페타 치즈를 곁들여 그야말로 상세르 와인을 닮은 샐러드다.

- 루꼴라 200g
- 양파 1/2개
- 페타 치즈 적당량
- 자몽 1/2개
- 오렌지 1/2개
- 식초 2큰술
- 올리브오일 4큰술
- 설탕 1작은술
- 소금 약간

1. 양파는 얇게 썰어 찬물에 담가두고 페타 치즈는 깍둑썰기한다.

2. 시트러스는 위아래를 잘라 도마에 세운 후 칼로 껍질을 제거하고 과육 사이 하얀 껍질 사이로 칼을 넣어가며 과육만 발라낸다.

3. <u>드레싱</u> 과육을 도려내고 남은 안쪽 부분으로 즙을 짠다. 식초, 설탕, 소금으로 새콤달콤 간을 맞추고 올리브오일과 잘 섞어준다.

4. 루꼴라와 3의 드레싱, 페타 치즈, 양파, 과육 조각들을 잘 버무려 그릇에 담아 완성한다.

8월의 스파클링 와인

스페인
까바
CAVA

사시사철 마셔도 맛있는 까바지만 한여름에 마시는 까바는 각별하다. 효모가 주는 고소한 비스킷 풍미와 포도가 주는 신선함이 함께 있는 까바는 움직이기도 싫은 무더위 속에서도 마냥 맛있다.

여름이 되면 유독 인기가 치솟는 스페인의 스파클링 와인 까바는 샴페인과 같은 전통 방식으로 양조된다. 병입 후 2차발효 시키기 때문에 이탈리아의 프로세코보다

확실히 에너지 넘치는 기포가 특징이다. 가격은 샴페인과 비교 불가능할 정도로 저렴하니 인기가 많을 수밖에. 샴페인과 달리 마카베오 *Macabeo*, 사렐로*Xarello*, 파레야다*Parellada*와 같은 생산량이 많은 품종으로 만들기 때문에 가능한 가격이다. 까바에는 튀김처럼 맥주에 어울리는 안주를 곁들이면 잘 어울린다. 바삭바삭하고 기름진 튀김옷과 고소한 까바 기포의 조합은 최고의 페어링 중 하나이다.

열대야로 잠 못 이루는 밤, 아이스버킷에 까바 한 병을 꽂아놓고 쿵짝거리는 음악을 들으며 치킨이나 한 마리 시키면 금세 운치 있는 밤풍경이 완성된다. 모기향을 피워놓고 수박을 옆에 썰어놔도 좋을 것 같다. 이대로 한강으로 달려가고 싶은 밤이다.

RECIPE CONTINUES →

RECIPE

까바 그라니따

까바로 만든 그라니따는 밀폐용기에 담아 냉동실에
보관하면 한여름 더위를 잊게 할 차가운 디저트로
제격이다. 레시피도 아주 간단하다. 단, 알코올이 그대로
남아 있어 많이 먹으면 취할 수 있으니 주의할 것.

- 까바 2컵
- 애플민트 한 줌
- 레몬 1/2개
- 설탕 1/2컵
- 물 1컵

1. 레몬은 베이킹소다로 겉면을 깨끗하게 씻은 뒤 잘라서 즙을 짜둔다.

2. 냄비에 설탕과 물, 애플민트, 레몬즙, 그리고 즙을 짠 레몬을 넣고 5~10분 약불로 끓이면 레몬민트 시럽이 완성된다. 이 시럽은 탄산수와 섞어 마시기에도 좋으니 많이 만들어두면 여름철에 유용하다.

3. 레몬민트 시럽 반 컵과 까바 두 컵을 섞어 냉동실에서 얼린다. 취향에 따라 시럽 양을 늘려도 좋다. 1시간~2시간마다 꺼내서 포크로 긁어가며 서걱서걱하게 만들어준다. 샴페인 글라스에 담아서 민트 잎과 레몬 슬라이스로 장식하면 완성이다.

와인의 가격은 어떻게 정해질까

비싼 와인은 좋은 와인일까? 와인의 가격과 품질은 비례할까? 워낙 다양한 선택지가 있기 때문에 와인을 고를 때 어떤 기준으로 선택해야 할지 고민이 된다. 돈을 더 많이 지불할수록 더 좋은 퀄리티의 와인을 만날 확률이 높지만 언제나 그렇다고 말할 수는 없다.

와인의 가격은 수요공급의 논리에 따라 결정되기 때문에 공급이 한정된다면 가격은 치솟을 수밖에 없다. '로마네 꽁티 Romanée Conti'는 세계에서 가장 비싼 와인으로 알려져 있다. 로마네 꽁티는 포도밭 이름이고, 이 포도밭은 DRC Domaine de la Romanee Conti가 100% 소유하고 있다. 즉 로마네 꽁티의 와인은 DRC만 생산할 수 있다. 이처럼 포도밭 전체를 하나의 와이너리가 소유하고 있는 것을 '모노폴'이라고 한다. 대부분은 하나의 포도밭을 여러 와이너리가 함께 소유한다. 로마네 꽁티의 와인은 단 하나의 와이너리에서 공급을 결정하기 때문에 가격이 높을 수밖에 없다. 로마네 꽁티는 극단적인 사례이지만 와인의 가격은 희소함을 기반으로 한다. 가격이 비쌀수록 품질이 높은 것이라기보다는 다른 와인은 흉내낼 수 없는 고유한 매력을 가졌다고 보는 것이 더 정확하겠다.

따라서 '비싼 게 맛있겠지'라는 짐작보다는 자신만의 가격 기준을 잡아놓으면 고르기 편하다. 취향은 물론, 와인에 지출할 수 있는 예산과 와인을 마시는 빈도에 따라 달라질 수 있다. 개인적인 기준은 데일리용으로 3~4만원대 와인을 마시고, 7만원 이상의 와인을 가끔 마신다. 5만원대 와인은 잘 고른 3~4만원대 와인과 비슷할 때가 많고, 1~2만원대 와인은 종종 너무 가볍거나 질감이 거친 경우가 있어 피하는 편이다.

데일리 와인에 기대하는 것은 일정 수준 이상의 밸런스와 복합미다. 집에서 저녁식사를 할 때 주로 마시기 때문에 혼자 돋보이기보다는 음식과 보조를 잘 맞춰줄 와인을 선호하는 편이다.

가끔 마시는 7만원 이상 와인에서는 그 와인만의 특별한 개성을 기대한다. 특정 지역이나 생산자의 스타일이 묻어나 새로운 경험을 하게 해줄 와인으로, 와인 모임이나 단골 레스토랑에 가져가거나 괜히 기분을 내고 싶을 때 좋아하는 영화를 틀어놓고 아끼는 와인잔에 따라 마신다.

이렇게 자신만의 기준을 만들기 위해서는 많이 경험해보는 것이 가장 중요하다. 성공할 때도, 실패할 때도 있겠지만 다른 술에 비해 다양한 종류와 가격대가 있는 만큼, 합리적인 선택을 위해서는 꼭 필요한 과정이다.

풍요로운,

9월

9월의 레드 와인

프랑스
론

샤토네프 뒤 파프

RHONE
CHATEAUNEUF-DU-PAPE

프랑스 론의 남쪽에 위치한 샤토네프 뒤 파프는 여러 의미로 역사적인 곳이다. 황제의 권위가 치솟고 교황의 권위가 떨어지면서 프랑스에서 선출된 새 교황이 로마 교황청에 가지 못하고 남프랑스 마을에 머물렀던 아비뇽 유수. 바로 그 아비뇽이 샤토네프 뒤 파프 인근이다. 아비뇽 유수는 종교와 역사적으로 중요했던 큰 사건이지만 와인에 있어서도 하나의 획을 그었다. 새 교황청이 갑작스럽게 시골마을 아비뇽에 생기면서 미사에 쓸 대량의 와인이 필요했기 때문이다. 가까운 땅에 대규모 포도밭이 빠르게 개간되면서 품질 좋은 와인을 생산하기 위한 노력이 이어졌고, 단연 돋보이는 와인을 생산한 이곳이 '교황의 새로운 성'이라는 뜻의 샤토네프 뒤 파프로 불리게 되었다.

샤토네프 뒤 파프는 다른 지역과 구분되는 토양조건으로 인해 남론에서 가장 멋진 와인이 만들어지게 되었다. 론의 북부에서 내려오던 론강이 한 번 꺾이면서 그 꺾인 부분에 굵은 자갈이 퇴적되었는데 이곳이 바로 샤토네프 뒤 파프이다. 이 자갈들이 따뜻한 햇살을 머금어 다른 포도밭보다 포도가 더욱 달콤하게 익을 수 있었다. 스월링을 하면 할수록 피어오르는 향신료향이 코를 톡톡 찌르고 잘 익은 체리를 한 입 깨문 것 같은 달콤하고 신선한 아로마도 돋보인다. 그리고 뒤따라 올라오는 말린 지푸라기나 허브 향들이 올라오면서 만들어내는 복합미도 근사하다. 특히 스파이시한 향신료향 덕분에 한식과의 궁합이 좋은데, 특히 샤토네프 뒤 파프와 살짝 양념을 한 소갈비의 궁합은 최고이다. 너무 맵지만 않으면 대체로 한식요리와 잘 어울리는 장점도 있다.

중세 프랑스 왕권과 교황청의 갈등이라는 역사적인 사건에 의해 탄생한 샤토네프 뒤 파프의 와인에 달콤짭짤한 양념이 된 갈비라니. 완벽히 다른 배경을 갖고 있는 이 두 가지 음식의 조화는 새삼 놀랍다. 이제껏 누구도 시도해보지 않은 새로운 페어링 조합이 한식과 와인의 틈에 무궁무진하게 존재하는 것이 틀림없다.

RECIPE CONTINUES →

RECIPE

간단한 불고기

와인과 함께 먹는 음식이라고 해서 너무 공들이지 않아도 된다. 소스 재료는 간단하지만 중간중간 맛을 보면서 입맛에 맞게 조절한다. 풍부한 아로마의 샤토네프 뒤 파프가 음식의 맛을 완성해준다.

- 불고기용 소고기 250g
- 대파 1/4쪽

소스
- 간장 2큰술
- 양파 1/4개
- 미림 1큰술
- 설탕 1/2큰술

1. 양파는 강판에 갈아 분량의 소스 재료와 잘 섞는다.

2. 고기에 소스를 잘 버무려 재워둔다.

3. 중불로 달군 프라이팬에 고기를 볶는다. 불고기도 자칫 잘못 익히면 퍽퍽해질 수 있는데, 처음에 약불로 고기를 익히다가 마지막에 불을 세게 해서 양념을 졸여내면 겉은 노릇하고 속은 촉촉하게 익는다.

4. 그릇에 담고 채썬 대파를 올려 마무리한다.

9월의 화이트 와인

이탈리아
베네토
피노 그리지오
PINOT GRIGIO

밥과 밑반찬으로 차린 일상적인 밥상에도 와인을 마실 수 있다. 그럴 때 언제나 고민 없이 선택하는 와인은 이탈리아의 피노 그리지오이다. 합리적인 가격은 물론 어떤 음식이든 모나지 않게 조화된다. 덕분에 한동안 피노 그리지오는 우리집 셀러의 한 칸을 통째로 차지했다.

피노 그리지오는 피노 누아에서 파생된 화이트 품종으로, 회색빛이

도는 껍질을 가진 포도이다. 알자스나 독일 등지에서는 피노 그리라는 이름으로 불린다. 같은 품종이지만 지역마다 만들어지는 스타일이 다른데, 이탈리아 피노 그리지오는 소비뇽 블랑과 샤르도네의 중간 어디쯤에 있는 것 같은 느낌의 균형감이 돋보이는 와인이다. 산뜻한 시트러스 풍미와 무난한 바디감 덕분에 어떤 상황에서도 자기 역할을 톡톡히 해낸다.

일이 바쁘고 몸과 마음이 여유가 없을 땐 집에서도 끼니를 잘 챙기 쉽지 않다. 생선 한 토막을 굽고 냉장고 속 자투리 재료를 넣어 끓인 된장국에 바닥을 보이는 밑반찬 몇 가지. 그리고 갓 지은 쌀밥과 피노 그리지오면 특별하진 않아도 충분히 힐링되는 저녁식사가 아닐까.

RECIPE CONTINUES →

RECIPE

삼치구이와
파래무침

와인과 한식을 페어링할 때 오히려 마음이 더 편하다.
한식은 양념에 들어가는 다양한 재료들이 겹겹의 맛을 내어
완성되는데, 와인과 함께할 때에는 모든 마무리를 와인이
해줄 거라 믿고, 평소보다 적은 재료로 맛을 내는 편이다.
생선구이에 레몬 한 조각을 곁들이는 정도로도 와인과
함께면 맛있다. 파래무침은 와인과 함께 먹어보고 깜짝
놀랐던 메뉴. 화이트 와인과 정말 잘 어울린다.

○ 삼치 한 토막
○ 레몬 1/4개

○ 파래 1덩어리
○ 무 1/8개
○ 식초 2큰술
○ 설탕 1작은술
○ 참기름 1큰술
○ 다진 마늘 1작은술
○ 소금 약간

1. 삼치는 프라이팬에 기름을 살짝 두르고 양면을 노릇노릇 굽는다. 그릇에 담아 뜨거울 때 레몬즙을 살짝 짜서 뿌린다.

2. 무는 곱게 채썰어서 소금에 10~20분 정도 절인다. 그후 물기를 꼭 짠다.

3. 분량의 식초, 설탕, 참기름, 다진 마늘, 소금을 섞어 소스를 만들고 파래와 절인 무채를 섞어 새콤달콤하게 마무리한다.

9월의 스파클링 와인

프랑스
클레망
CREMANT

고가의 샴페인을 대체할 때 가장 먼저 떠오르는 와인은 클레망이다. 클레망은 프랑스의 상파뉴 외 지역에서 만들어지는 스파클링 와인을 지칭하는 단어다. 샴페인은 엄청나게 까다로운 조건을 만족시켜야만 라벨에 '샴페인'이라는 이름을 쓸 수 있기 때문에 이름만으로도 품질이 보장된다. 마찬가지로 클레망은 샴페인보다 약간 관대할 뿐 이 역시 까탈스런 규정을 만족시켜야만 한다. 프랑스에서 만들어졌다고 모든 스파클링 와인이 클레망이 될 수 있는 것은 아니다. 양조할 때는 샴페인과 같은 전통방식을 따라야만 하고, 그 전에는 지정된 방법으로 포도를 수확해야 한다. 요구되는 숙성기간이 샴페인에 비해 조금 짧은 정도이다. 그렇기 때문에 클레망이라는 이름 또한 품질을 상당 수준 보장한다.

또한 프랑스의 다양한 와인 산지에서 클레망이 만들어지고 있기 때문에 지역마다 독특한 개성을 찾는 즐거움도 있다. 개인적으로 부르고뉴의 클레망을 좋아하는데, 샴페인과 지리적으로 가깝고 포도 품종이 유사하면서도 상대적으로 과일 아로마가 선명해서 더 진한 음식과 매칭이 잘 된다는 장점이 있다. 가벼운 고기요리와 스파클링을 마실 때 가장 선호하는 편이다. 알자스의 클레망은 가격대가 합리적이고 회나 조개 등 해산물과 잘 어울린다. 또 루아르의 클레망은 슈냉 블랑을 많이 사용해 다른 지역에 비해 생기 있는 과실향이 특징이다. 샴페인의 명성에 가려져 있던 클레망을 꺼내들 시간이다.

RECIPE CONTINUES →

RECIPE

육전과 파채

육전은 스파클링 와인을 먹을 때 가장 좋아하는 메뉴 중 하나다. 노릇노릇 부쳐 고소하면서도 입안에서 부드럽게 녹아서, 따뜻할 때 클레망을 곁들여 먹으면 정말 맛있다. 보통 한식 식사에서 육전에는 파채를 곁들이는데 파의 아린 맛이 와인과 어울리지 않을 때가 있어 참나물까지 함께 섞어주면 좋다.

- 육전용 소고기 200g
- 밀가루 적당량
- 계란 1개

- 채썬 파 한 줌
- 참나물 한 줌
- 고춧가루 1/2큰술
- 식초 1큰술
- 다진 마늘 1작은술
- 소금 약간

1 소고기 겉면에 밀가루를 살짝 묻히고 계란옷을 입힌다.

2 프라이팬에 기름을 두르고 중불에서 노릇노릇 부친다.

3 고춧가루, 식초, 다진 마늘, 소금을 섞어 양념을 만든 후 파채, 참나물과 버무려 곁들인다.

맛있는

10월

10월의 레드 와인

프랑스
부르고뉴
피노 누아
BOURGOGNE PINOT NOIR

부르고뉴를 마시기 좋은 선선한 가을이 온다. 가을산을 물들이는 단풍 같은 피노 누아는 바디감과 타닌감이 가벼운 편이라서 아로마를 즐기며 편안하게 마시기 좋다. 피노 누아는 껍질이 얇고 서늘한 기후에서 잘 자라는 품종으로, 높은 산도와 섬세한 아로마를 갖춘 포도 품종이다. 껍질이 얇기 때문에 색이 옅어서 잔 안에서 투명하게 빛난다. 피노 누아의 진짜 매력은 숙성이 되면서 새로운 향들이 피어난다는 점인데, 이때 버섯향이나 이끼향, 가죽향 등의 쿰쿰한 듯한 새로운 향들이 발현된다. 이러한 숙성향과 붉은 과실향의 조화는 중독적이다. 덕분에 많은 와인 애호가들의 마음을 사로잡는 와인이 바로 부르고뉴의 피노 누아이다.

와인에 관심을 가지기 시작한 초반에 가장 호기심을 자극한 지역이 바로 부르고뉴였다. 큰맘 먹고 20만원이 넘는 고가의 부르고뉴를 구입한 적도 있는데 솔직히 처음에는 그 매력을 잘 몰랐다. 와인과 함께한 시간이 길어지고 나서야 어느덧 부르고뉴 와인에 푹 빠지게 되었다.

부르고뉴 피노 누아는 전반적으로 가격이 비싸고, 종류도 다양해서 구입할 때 망설여진다. 처음부터 비싼 와인을 시도하는 것보다는 엔트리 와인에서부터 한 걸음씩 다가가보자. 와인 라벨에 가장 크게 Bourgogne, Bourgogne Rouge, Bourgogne Pinot Noir라고 써있는 레드 와인들이다. 어느 날 가을 단풍을 보고 피노 누아가 떠오른다면 충분한 피노러버가 된 것이다.

RECIPE CONTINUES →

RECIPE

표고버섯 파스타

표고버섯의 진한 맛을 담아낸 표고버섯 파스타는 부르고뉴 피노 누아에 제격이다. 생 버섯과 말린 버섯을 함께 사용해서 풍미 가득한 파스타를 만들어보자.

- 말린 표고버섯 1줌
- 생 표고버섯 4개
- 다진 마늘 1작은술
- 파스타면 200g
- 버터 1큰술
- 파르미지아노 치즈
- 올리브오일
- 소금 약간

1 말린 표고버섯은 따뜻한 물에서 불린다. 불린 물을 사용할 예정이므로 깨끗이 씻은 뒤 불린다. 생 표고버섯은 도톰하게 썰어둔다.

2 끓는 물에 소금과 파스타면을 넣고 삶는다. 파스타 포장지에 써있는 시간보다 1~2분 짧게 삶는다.

3 프라이팬에 올리브오일과 버터를 두르고 센불에서 생 표고버섯과 마늘을 볶는다. 버섯이 노릇노릇해질 때까지 볶은 뒤 따로 덜어놓는다.

4 불린 표고버섯은 얇게 썰어 프라이팬에 버섯 불린 물 1/2컵과 함께 넣고 끓인다.

5 버섯 불린 물이 절반 정도로 줄어들면 삶은 파스타면을 팬에 넣고 소스가 면에 잘 배도록 볶는다. 수분이 부족하면 파스타 삶은 물을 조금 넣어 농도를 맞추고 소금으로 간을 한다. 마지막에 불을 끄고 버터를 1작은술 넣고 섞으면 풍미가 훨씬 좋아진다.

6 그릇에 파스타를 담고 3의 볶은 버섯과 마늘을 위에 올리고 파르미지아노 치즈를 갈아올려 마무리한다.

부르고뉴 와인의 특별함을 마시는 법

수많은 와인애호가들을 가산 탕진하게 만드는 마성의 지역으로 여겨지는 부르고뉴. 도대체 많은 이들을 열광하게 만드는 부르고뉴 와인의 매력은 무엇일까.

영어로 와인색을 뜻하기도 하는 버건디*Burgundy*는 바로 부르고뉴를 영미권에서 지칭하는 단어다. 부르고뉴 지방은 여러 세부 지역으로 나뉘고, 그 지역 안에는 개별 마을이 있으며, 마을 안에 있는 포도밭까지 각각 AOC로 지정되어 있다. 예를 들면 '부르고뉴 > 샹볼 뮈지니(마을 이름) > 뮈지니(포도밭)'까지 와인 종류가 구분된다. 포도밭까지 지정된 와인은 매우 고가이기 때문에 일상적으로 마시기 어렵고, 마을 단위 와인도 가격대가 있는 편이다. 그리고 가장 낮은 단위의 부르고뉴 AOC도 사실 그렇게까지 저렴하지는 않다.

부르고뉴에서 생산되는 대부분의 와인은 두 가지 포도

품종으로 만들어진다. 화이트는 샤르도네, 레드는 피노 누아로 다른 품종과 블렌딩하지 않고 단일 품종으로 생산한다. 최고의 샤르도네와 최고의 피노 누아는 부르고뉴에서 만들어지는데 그 비결은 떼루아와 긴 역사에서 나온다. 떼루아는 포도가 자라는 토양뿐만 아니라 기후 등을 포함한 모든 환경을 의미하는데 부르고뉴는 이 두 포도를 기르는 데 최상의 떼루아를 갖고 있다. 덕분에 향기롭고 우아하면서도 복합미가 있는 와인이 탄생할 수 있는 것은 물론, 오랜 기간 동안 완벽한 와인을 만들기 위해 노력해온 수많은 노력이 쌓여 지금의 명성이 완성되었다.

부르고뉴 와인이 어렵게 느껴지는 것은 AOC구역이 포도밭 단위까지 쪼개어지기 때문이다. 하지만 너무 어렵게 생각할 필요는 없다. 먼저 부르고뉴 지역 단위 와인을 마셔보자. 라벨에 크게 Bourgogne라고 써 있다면 부르고뉴 곳곳에서 키워진 포도로 만드는 와인으로, 레드 와인의 경우 대개 생기 있고 맛있는 피노 누아들일 것이다.

그다음엔 마을 단위로 넘어간다. 샹볼 뮈지니*Chambolle-Musigny*, 쥐브레 샹베르땅*Gevrey-Chambertin*, 본 로마네*Vosne-Romanee*가 가장 유명한 마을들이다. 이 지역은 그 명성만큼 가격대가 높다. 좀 더 저렴한 가격에 마셔볼 수 있는 마을 단위 와인으로는 픽생*Fixin*, 마르사네*Marsannay* 등이 있다. 마을마다 와인 스타일이 달라 이를 비교해보는 것도 재미있다.

그러다가 어느 한 마을의 좋아하는 와인이 생긴다면 그 마을의 '프리미에 크뤼*Premier Crus*' 와인을 한 번 마셔봐도 좋다. 와인 라벨에 '1er Cru' 표기가 되어 있는 와인들로, 보틀숍에서도 10만원을 훌쩍 넘는 경우가 많으니 마음의 준비가 필요하지만 훨씬 우아하고 또 복잡미묘한 와인이라는 것을 느낄 수 있다. 부르고뉴의 수많은 포도밭 중에서도 특히 품질이 뛰어난 와인을 생산하는 포도밭이 프리미에 크뤼로 지정되어 있다. 영화 〈부르고뉴 와인에서 찾은 인생〉에서 "페리에르는 팔 수 없다"는 대사가 나오는데, 이때 '페리에르'가 바로 프리미에 크뤼 포도밭 중 하나의 이름이다. 프리미에 크뤼보다 더 뛰어난 품질로 인정받은 포도밭은 '그랑 크뤼*Grand Cru*'로 지정되어 있다.

이처럼 부르고뉴에 호기심이 생긴다면 부르고뉴 루즈(부르고뉴 레드 와인)부터 시작하자. 마음에 드는 생산자를 발견하면 그 생산자의 마을 단위 와인을 마시는 식으로 조금씩 범위를 넓혀가는 것이다. 기왕 와인을 좋아하게 되었다면 천천히 부르고뉴에 빠져 들어 보자.

부르고뉴의 마을 샹볼 뮈지니와 쥐브레 샹베르땅의 와인.

10월의 화이트 와인

오스트리아
그뤼너 펠트리너
GRUNER VELTLINER

음식맛도 익어가는 계절, 무엇과 곁들이든 놀라움을 주는 그뤼너 펠트리너는 가을의 필수품이다. 기름기가 오르기 시작한 해산물이나 맛있는 제철 버섯과 과일, 아니면 햅쌀로 만든 윤기 흐르는 쌀밥까지도 그뤼너 펠트리너와 좋은 조합을 이룬다.

그뤼너 펠트리너는 오스트리아를

향신료향 풍부한 커리와 그뤼너 펠트리너도 아주 잘 어울린다.

대표하는 청포도 품종으로, 사실 와인만 마셨을 때는 그냥 '맛있군' 하는 느낌인데, 음식과 만나면 완전히 다른 매력을 가진 와인이 된다. 회나 해산물 숙회에 먹을 때, 고기와 함께 먹을 때, 향신료가 듬뿍 들어 있는 음식을 먹을 때 각각 다른 와인이 되는 것 같다.

전통적으로 그뤼너 펠트리너와 가장 잘 어울리는 음식은 마찬가지로 오스트리아 음식인 슈니첼이다. 얇게 펼친 돼지고기에 튀김옷을 입혀 튀겨내는 이 요리는 언뜻 돈가스와 비슷하지만 레몬즙을 듬뿍 뿌려 시큼하고 차가운 감자 샐러드와 먹는 게 포인트이다. 여기에 칠링한 그뤼너 펠트리너 한 잔을 마시면 완벽한 페어링이다.

정말 좋아하는 와인 중 하나. 어떤 음식과 먹어도 최고의 퍼포먼스를 보여주는 오스트리아의 그뤼너 펠트리너.

RECIPE CONTINUES →

RECIPE

슈니첼과 감자 샐러드

갓 튀긴 뜨거운 슈니첼을 레몬즙을
듬뿍 넣은 차가운 감자 샐러드와 함께
먹는다. 4월 레시피에서 만들었던
크랜베리잼을 곁들이면 더 맛있다.

2인분

- 돼지고기 등심 80g(2쪽)
- 계란 1알
- 밀가루와 빵가루 적당량
- 버터 2큰술
- 식용유
- 크랜베리잼 1큰술

감자 샐러드
- 레몬 1/2개
- 감자 1개
- 식초 1큰술
- 설탕 1작은술
- 홀그레인 머스터드 1작은술

1 <u>감자샐러드</u> 감자는 1cm 두께로 썰어 삶는다. 레몬은 즙을 짜고, 식초, 설탕, 머스터드를 섞어 드레싱을 만든다. 감자가 뜨거울 때 버무린 뒤 차갑게 식힌다.

2 돼지고기 등심은 비닐로 덮어 두드려서 얇게 만든다. 와인병으로 두드리면 와인과 더 잘 어울리지 않을까? 소금과 후추로 밑간을 하고 밀가루, 계란물, 빵가루 순으로 튀김옷을 입힌다.

3 프라이팬에 식용유와 버터를 두르고 슈니첼을 튀기듯 굽는다. 높은 온도에서 바삭하게 딥프라잉을 하는 돈까스와 달리, 슈니첼은 중불 정도에서 버터를 넣어 살짝 촉촉하게 튀긴다.

4 슈니첼과 레몬, 감자 샐러드, 크랜베리잼을 그릇에 담는다.

10월의 스파클링 와인

이탈리아
람부르스코
LAMBRUSCO

아마 이 스파클링 와인을 처음 마시면 놀랄 것이다. 람부르스코는 보기 드문 레드 스파클링 와인이기 때문이다.

적포도 품종 이름이기도 한 람부르스코 와인이 만들어지는 에밀리아 로마냐*Emilia-Romagna* 지역은 맛있는 식재료가 넘치는 곳이다. 우리가 잘 아는 프로슈토(이탈리아의 생햄), 발사믹 식초, 파르미지아노 레지아노(이탈리아 치즈의 왕이라고 불리는 경성치즈) 모두 이 지역에서 탄생한 식재료들이다. 당연한 말이겠지만 람부르스코는 음식과 함께 먹을 때 정말 맛있는 와인이다. 라즈베리 등 신선한 과실향에 높은 산도, 꿀향기와 치즈의 쿰쿰한 향이 섞여 있어 해산물도, 고기에도 어울린다. 앞서 소개한 에밀리아 로마냐에서 나오는 식재료들과는 찰떡궁합이다.

람부르스코의 활약은 이뿐만 아니라, 토마토 소스와 치즈로 뒤덮힌 피자나 구운 패티와 치즈, 토마토케첩을 듬뿍 뿌린 햄버거 같은 정키한 음식과도 잘 어울린다.

버섯 모양 스파클링 코르크에 묻어난 레드 와인이 생소하다.

RECIPE CONTINUES →

RECIPE

카초 에 페페

이탈리아어로 카초Cacio는 치즈, 페페Pepe는 후추를 의미한다. 아마 세상에서 가장 간단한 파스타 레시피일 카초 에 페페는 파르미지아노 레지아노를 듬뿍 갈아올려 람부르스코에 정말 잘 어울린다. 간단한 재료인 만큼 모든 재료를 좋은 것으로 사용해야 맛있다.

2인분

- 스파게티 200g
- 버터 3큰술
- 파르미지아노 레지아노 치즈
- 통후추
- 선택 프로슈토 적당량

1 끓는 물에 스파게티를 삶는다. 추가적으로 팬에서 익히지 않기 때문에 파스타 포장에 안내된 시간에 맞추거나 1분 정도 짧게 삶는다.

2 믹싱볼에 삶은 스파게티면을 넣고 버터, 파르미지아노 레지아노 치즈 간 것과 잘 섞어준다. 너무 뻑뻑하면 파스타 삶은 물을 조금 넣는다.

3 그릇에 담고 치즈를 한 번 더 한가득 뿌린 뒤 통후추를 갈아올린다.

4 만약 여건이 된다면 프로슈토를 토핑으로 올려도 맛있다. 물론 없어도 충분하다.

UNEXPECTED PAIRING

떡볶이
+
독일의 스위트 리슬링

매운 떡볶이에 달콤한 독일의 화이트 와인 리슬링은 마치 쿨피스와 매운 떡볶이 정도의 좋은 궁합이다.

참치회
+
피노 누아

회에 레드 와인이 어색하게 느껴질 수 있지만, 붉은 참치회에는 레드 와인이, 그것도 피노 누아가 가장 잘 어울린다. 기름진 참치에 산미 있는 피노 누아를 페어링해보자.

삼겹살
+
메를로

은근 와인과 매칭하기 까다로운 삼겹살. 기름진 음식이라 화이트를 매칭하면 와인이 묻히고, 진한 레드를 곁들이면 음식의 풍미가 잘 느껴지지 않는데 이때 메를로와 함께하면 잘 맞는다.

스시
+
그뤼너 펠트리너

그뤼너 펠트리너는 음식과 함께하면 새로운 매력을 보이는 와인이다. 그래서 스시를 먹을 때 늘 추천하는데, 스시 위에 어떤 재료가 올라가도 완벽한 페어링을 보여줘서 한 피스씩 먹을 때마다 놀라게 된다.

육회
+
블랑 드 누아 샴페인

적포도로 만드는 샴페인인 블랑 드 누아는 육회와 최고의 궁합이다. 샴페인 대신 부르고뉴 지역의 클레망을 선택해도 괜찮다.

첫눈을 기다리는

11월

11 NOVEMBER

11월의 레드 와인

이탈리아
풀리아
프리미티보
PUGLIA PRIMITIVO

진한 레드 와인의 계절이 시작된 것 같다. 벨벳처럼 부드러운 질감에 따뜻한 바닐라향이 감돌고 달콤한 과실향이 올라오는 풀바디 레드 와인. 평소에는 부담스러워 선택하지 않다가도 찬 바람에 코트를 꺼내 입으면 여지없이 생각난다.

아끼는 적포도 품종인 프리미티보는 이탈리아 남부 풀리아 지역에서 생산된다. 미국에서 이 품종을 부르는 말인 진판델*Zinfandel*이 더 익숙할 수도 있겠다. 이탈리아의 북부나 중부 지역에 비해 상대적으로 외면받았던 남부 지역이지만 최근 품질이 크게 향상되면서 맛있는 와인을 합리적인 가격으로 선보이는 지역이 되었다. 프리미티보는 달콤한 포도 품종으로 균형 잡힌 산도와 풍부한 바디감이 매력적인 와인을 만들어낸다. 푸른이나 말린 체리의 농축된 과실향에 다크 초콜릿의 풍미, 타임과 같은 허브향이 섞여 있어, 짙은 바디감을 갖고 있지만 복합적인 아로마와 적당한 산미 덕분에 질리지 않게 마실 수 있다.

와인을 마시다 보면 특정 지역이나 품종에 빠져 있다가도 그와 상반된 와인에 갑자기 꽂히는 일이 일어난다. 가을 느낌을 내려고 피노 누아를 마시다가 추워진 날씨와 함께 남부 이탈리아의 프리미티보를 오픈하고는 순식간에 이 와인에 매료되는 식이다. 사실 이런 일은 계속 반복되어 프리미티보 뒤에는 또 다른 와인이 기다리고 있을 것이다. 이것이 '요즘 좋아하는 와인'은 말할 수 있지만 '좋아하는 와인'을 꼽는 질문에는 쉽게 답하지 못하는 이유다.

RECIPE CONTINUES →

RECIPE

크림을 넣은
푸룬과 돼지고기 요리

화이트크림 베이스의 돼지고기 요리에 푸룬을 넣어 맛에
포인트를 준 레시피로, 추운 겨울을 기다리며 먹기 좋은
음식이다. 진한 크림소스에는 느끼함을 잡아줄 화이트 와인도
좋지만, 소스와 비슷하게 농도 짙은 풀바디 레드 와인을
곁들이면 음식과 와인의 장점이 모두 부각된다.

- 돼지고기 안심 300g
- 소금, 후추 약간
- 밀가루 적당량
- 대파 1줄기
- 다진 마늘 1작은술
- 푸룬 4개
- 아몬드 1/3컵
- 생크림 1컵
- 화이트 와인 1/2컵

1 푸룬은 2등분하고 아몬드는 굵게 다진다.

2 돼지고기 안심을 1.5cm 두께로 썰어준다. 너무 얇으면 퍽퍽해지니 도톰하게 손질하고 소금과 후추로 밑간을 한 후 겉면에 밀가루를 살짝 입혀준다. 이렇게 하면 기름기 없는 고기를 더 촉촉하게 구울 수 있고 고기에 묻은 밀가루로 인해 저절로 소스의 농도가 짙어진다.

3 프라이팬을 뜨겁게 달구고 길쭉하게 썬 파와 다진 마늘을 볶는다. 살짝 숨이 죽으면 그릇에 덜어놓는다.

4 파와 마늘을 볶은 팬에 올리브오일을 적당량 두르고 그대로 고기를 굽는다. 양면이 노릇하게 구워지면 화이트 와인을 넣고 와인이 절반으로 줄어들 때까지 끓인다.

5 **3**에 푸룬과 생크림을 넣고 끓인다. 살짝 졸아들면서 점도가 생기면 덜어둔 파, 마늘을 넣어 완성한다. 접시에 담은 후 아몬드를 뿌리고 빵이나 삶은 파스타와 함께 먹으면 맛있다.

남은 와인의 보관과 활용법

와인은 오픈하는 순간부터 공기와 닿아 빠르게 변하기 시작하기 때문에 마시다 남은 와인은 오랜 기간 보관할 수 없다. 일반적으로 오픈하고 1주일 정도까지는 괜찮지만, 시간이 오래 지나게 되면 시큼한 맛이 강해져 마시기 어렵고 요리용으로 사용하는 것도 한계가 있다.

이러한 변화는 공기와의 접촉으로 인해 생기는 것이므로, 와인을 진공 상태로 보관한다면 변화를 더디게 할 수는 있다. 병 내부의 공기를 빼주는 와인마개가 시중에 판매되기는 하지만 효과는 크지 않다. 병 안을 진공 상태로 만드는 것은 사실상 복잡한 장비가 있지 않는 이상 쉽지 않기 때문이다.

하지만 와인을 공기와 닿지 않게 하는 데에 병 안의 공기를 빼는 것만이 방법은 아니다. 진공마개보다 훨씬 간단한 방법이 있는데 공기가 들어갈 자리가 없도록 와인을 작은 병으로 옮기는 것이다. 남은 와인이 병목까지 가득 차게 만들면 옮겨진 병 안에 공기가 거의 없는 상태로 보관할 수 있어서 작은 유리병에 옮긴 뒤 냉장 보관하면 좀 더 오랫동안 와인을 보관할 수 있다.

또 다른 방법은 냉동이다. 와인을 냉동하게 되면 처음 상태에서 변화 없이 오랫동안 와인을 보관할 수 있다. 하지만 해동하고 시음 적정 온도까지 올리는 과정이 번거롭기는 하다.

이러한 보관방법 중 완벽한 것은 없기 때문에 와인을 오픈했다면 남기지 않거나 가급적 1주일 이내에 마시는 것이 좋다. 그래도 와인이 남았을 때 만들어보기 좋은 몇 가지 활용법을 소개한다.

01.
와인 아이스 큐브

와인을 아이스트레이에 넣어 얼리면 요리에 하나씩 넣어 사용하기 편리하다. 봉골레나 해산물 파스타를 만들 때 화이트 와인 큐브를 하나 넣고, 라구 소스나 스테이크를 만들 때 레드 와인 큐브를 하나 사용하면 효과적이다.

02.
뱅쇼

○ 레드 와인 1/2병 ○ 설탕 1/2컵 ○ 오렌지 1/2개 ○ 사과 1/2개
○ 시나몬스틱 3개 ○ 정향 10개 ○ 스타아니스 3개

분량의 재료를 넣고 30분~1시간가량 끓인다. 설탕이 녹고 재료들의 향이 충분히 우러나면 따뜻하게 마시는 겨울 음료이다. 유럽 국가들에서는 감기 기운이 있을 때 마시기도 한다.

03.
뱅쇼잼

○ 2번 뱅쇼 재료에 설탕 1/2컵, 꿀 1/3컵 추가

뱅쇼는 따뜻하게 해서 마셔도 좋지만 여기에 설탕과 꿀을 추가해서 더 졸이면 잼으로 맛볼 수 있다. 크래커에 발라 브리 치즈나 까망베르 치즈와 함께 먹으면 겨울의 향기가 듬뿍 담겨 정말 맛있다.

04.
양파잼

○ 양파 2개 ○ 화이트 와인 반 컵 ○ 소금 ○ 설탕 ○ 올리브오일

얇게 채썬 양파를 중약불에서 천천히 볶으면 갈색 빛이 돌며 캐러멜라이즈 된다. 이렇게 수분이 날아간 양파에 화이트 와인을 넣고 다시 촉촉하게 졸이면 양파잼이 완성된다. 소금과 설탕으로 적당히 간을 한다. 크래커나 바게트에 올려서 가벼운 안주로 먹기 좋다.

11월의 화이트 와인

독일
리슬링
RIESLING

독일의 리슬링을 마시던 중, 지금 첫눈이 내리면 얼마나 좋을까 하는 생각이 들었다. 날씨가 쌀쌀해지면서 저절로 생각 나는 독일의 리슬링. 상쾌한 사과향과 은은한 견과류 풍미, 살짝 석유향이 뒤섞인 아로마는 리슬링만의 매력이다. 강렬하고 기품 있는 아로마, 뇌를 찌르는 듯한 날카로운 산도에 살짝 입안을 스치는 달콤함까지.

함박눈이 내리는 한겨울엔 도톰한 담요를 둘러쓰고 뱅쇼를 마시고 싶지만, 첫눈을 기다리는 가을 끝자락엔 리슬링이 어울린다. 독일을 대표하는 청포도인 만큼 독일의 스파클링 와인인 젝트로 만들기도 하고 스위트한 와인을 만들기도 한다. 살짝 잔당을 남기는 것이 전통적인 독일 스타일 와인이라면 최근에는 트렌드를 반영해 드라이한 와인도 많이 생산되는 추세다. 스위트 와인을 좋아하지 않더라도 은은한 단맛이 남은 리슬링은 와인의 개성을 뚜렷하게 느낄 수 있어서 디저트 와인으로 추천하기도 한다.

리슬링을 가장 특별하게 만들어주는 것은 리슬링의 독특한 아로마인 페트롤*Petrol*향인데, 이는 숙성된 리슬링에서 나타나는 개성으로, 주유소나 페인트통이 코끝에 스친 것 같은 아로마다. 풍부한 과실향에 뒤엉킨 페트롤향은 석유난로 앞에서 까먹는 귤처럼 매력적이다. 겨울을 맞이하기에 딱 들어맞는 멋진 와인으로 11월의 리슬링을 꼭 시도해보자.

RECIPE CONTINUES →

RECIPE

돼지고기 생강구이

돼지고기 생강구이의 짭짤달콤한 맛과 풍성한 생강향에
독일 리슬링은 정말 잘 어울린다.

2인분

생강 소스
- 간장 2큰술
- 설탕 1/2큰술
- 다진생강 1/2큰술
- 식초 1큰술
- 물 4큰술
- 참기름 1작은술

- 돼지고기 목살 250g
- 양파 1개

1. 분량의 소스 재료를 잘 섞어서 미리 소스를 만들어 둔다. 만약 스위트한 리슬링을 곁들인다면 설탕을 1큰술 넣어 더 달콤한 양념을 만들어도 좋다.

2. 양파 한 개는 곱게 채썰어 찬물에 담가둔다.

3. 돼지고기 목살은 0.5cm 두께로 준비한다. 프라이팬을 뜨겁게 달구고 표면이 노릇노릇하게 구워지면 1의 소스를 넣고 졸이듯 익혀준다.

4. 물기 뺀 양파를 그릇에 담고 구운 목살, 그리고 팬에 남은 소스를 끼얹어 마무리한다.

11월의 스위트 와인

이탈리아
모스카토 다스티
MOSCATO D'ASTI

모스카토 다스티는 easy-to-drink 와인의 대표명사격인 와인으로 우리에게 정말 익숙하지만 그만큼 홀대받는 슬픈 와인이기도 하다. 모스카토 다스티가 대중적인 인기를 많이 끌면서 대체로 저렴하고 단조로운 스타일의 모스카토 다스티를 많이 경험하게 되어 그런 것 같다. 모스카토 다스티는 이탈리아 피에몬테 주의 아스티 지역에서 모스카토 품종으로 만드는 와인이다. 풍부한 청포도 향기와 낮은 알코올 도수가 특징이다. 5~5.5도로 맥주와 비슷한 정도이니, 술을 잘 마시지 못하는 사람들이나 와인을 많이 경험하지 않은 사람들에게도 편안하게 다가갈 수 있는 와인이다.

맛있는 모스카토 다스티는 복숭아와 아카시아 향이 나며 신선함과 달콤함이 뒤엉켜 매력적이다. 보통 디저트 와인으로 많이 마시긴 하지만, 예상 외로 음식과 페어링했을 때 돋보이기도 한다. 달콤하지만 산미와 약한 버블감을 갖고 있기 때문에 특히 매운 음식과 함께 먹을 때도 좋다. 매콤한 음식은 레드 와인과 먹으면 타닌감이 도드라지거나 와인 맛이 눌려 페어링하기 까다로운데, 모스카토 다스티처럼 산뜻하고 달콤한 와인과 시도해보면 재밌다. 특히 매콤한 국물떡볶이에 곁들이는 것을 강력 추천한다.

애정하는 마쏠리노의 모스카토 다스티. 신선한 살구향에 견과류와 꿀의 노트가 살짝 섞여 있어 다채로운 아로마를 느낄 수 있다.

RECIPE CONTINUES →

RECIPE

해산물 튀김과 명란마요네즈

달콤하고 살짝 발포가 있는 모스카토 다스티와
딱 어울리는 레시피이다. 명란마요네즈에 바삭한
해산물 튀김을 찍어먹은 뒤 느끼함이 남아있을 때
새콤달콤한 모스카토 다스티를 한 모금 마시면 정말
잘 어울린다.

- 오징어 1마리
- 새우 10마리
- 밀가루 약간
- 계란 1개
- 빵가루 1컵

- 마요네즈 3큰술
- 명란젓 1/4쪽

1. 명란젓은 껍질을 벗기고 마요네즈와 섞어서 명란마요네즈를 만들어둔다.

2. 오징어는 깨끗이 씻고 적당한 크기로 썬다. 새우는 껍질을 벗긴다.

3. 2의 재료들을 밀가루, 계란물, 빵가루 순으로 튀김옷을 입힌다.

4. 튀김팬에 식용유를 넉넉히 붓고 180도로 예열한다. 빵가루 하나를 살짝 넣었을 때 바로 떠오르면 적당한 온도이다.

5. 튀김옷을 입힌 오징어와 새우를 넣고 튀긴다.

6. 만들어둔 명란마요네즈와 함께 담아낸다.

빛나는

12월

12월의 레드 와인

스페인
모나스트렐
MONASTRELL

스페인의 모나스트렐은 야성미 넘치는 와인이다. 솔직히 말해 섬세함과는 거리가 있다. 짙은 풀바디에 넘실거리는 과실향이 직선적이고, 종종 초콜릿과 담배 같은 오크향이 올라온다. 프랑스에서는 무베드르라는 이름으로 불리는 적포도 품종으로, 그르나슈, 시라와 함께 GSM이라 불리며 블렌딩에 이용되지만 스페인의 뜨거운 태양 아래에서는 단일 품종으로 와인을 만들 수 있을 만큼 포도가 잘 익는다. 이 거친 매력의 모나스트렐을 크리스마스 와인으로 제안한다.

12월 한 달은 온 세상이 크리스마스 무드로 가득하다. 트리를 설치하고 리스를 걸며 그린과 레드와 골드로 물든 세상에서 들떠 있다가 막상 크리스마스 당일이 되면 어떻게 보내야 할지 막막하고 왠지 헛헛해지곤 한다. 그래서 최근 몇 년 동안 나의 크리스마스는 샴페인이나 비싼 와인 없이 무난하게 보내고 있다. 지난 크리스마스 이브날 낮에는 일을 했고 저녁엔 자주 가는 호프집에서 소시지에 생맥주를 마셨다. 일상을 와인과 함께 보내다 보면 크리스마스를 굳이 기다릴 필요가 없어진다. 만약 비싼 와인 한 병을 사두고 아끼는 중이라면 아무 일도 없는 날 그냥 생각 없이 열어버리자. 그리고 크리스마스에는 스페인의 모나스트렐. 이 투박한 와인을 마시면서 좋아하는 예능 프로그램을 다시보기로 틀어놓고 맛있는 수제버거를 먹으면 크리스마스답진 않더라도 충분히 즐거운 연말 저녁이다.

RECIPE CONTINUES →

RECIPE

치즈버거

햄버거는 무뚝뚝한 와인과 함께 먹기 가장 좋은 메뉴가 아닐까. 왠지 크리스마스의 들뜬 분위기와는 동떨어지게 느껴지지만 세상 가장 맛있는 걸 먹고 싶을 때 수제 버거를 만들어보자. 이 순간 미디엄으로 익혀 촉촉하고 두툼한 패티가 들어간 수제 버거만큼 만족감을 주는 음식은 없을 것 같다.

1인분

- 다진 소고기 200g
- 햄버거용 빵
- 토마토 1/4개
- 양파 슬라이스
- 양상추 약간
- 슬라이스 치즈 1장
- 디종 머스터드
- 토마토케첩과 마요네즈

1. 다진 소고기는 소금, 후추를 섞어 버무린다. 구울 때 떨어지지 않도록 잘 치대준다. 200g으로 패티 1개를 만들면 매우 두툼한 패티가 된다.

2. 햄버거용 빵의 안쪽면은 마른 프라이팬에 살짝 그을리듯 구워준다.

3. 토마토와 양파는 얇게 슬라이스하고 양상추도 깨끗이 씻어 물기를 제거해둔다.

4. 뜨겁게 달군 프라이팬에 기름을 살짝 두르고 패티를 굽는다. 표면이 익으면 중약불로 낮춰 뚜껑을 덮고 안쪽까지 익혀준다.

5. 빵에 디종 머스터드를 살짝 바르고 위에 토마토케첩을 뿌린다. 패티▶치즈▶토마토▶양상추▶양파 순으로 올리고 마요네즈를 살짝 뿌린 뒤 빵을 덮는다.

12월의 화이트 와인

프랑스
샤블리
CHABLIS

겨울이 되면 가장 먼저 떠오르는 화이트 와인인 샤블리는 굴과 페어링의 정석을 보여주는 와인이다. 산뜻한 과실향에 매끈한 미네랄이 더해져 생굴과 함께하면 최고의 궁합을 보여준다.

샤블리는 부르고뉴에 속한 지역이지만, 레드 와인이나 다른 화이트 와인을 생산하는 지역과는 거리가 떨어져 있다. 부르고뉴의 가장 북쪽에 위치해 있어 서늘한 편이라 이곳에서 샤르도네로 만드는 와인은 그만큼 산도 있는 스타일이 생산된다. 또한 풍부한 석회질을 가진 토양 덕분에 미네랄이 도드라지는 와인이 만들어지는데, 이 석회질의 비밀은 바로 샤블리의 토양이 먼 옛날에는 바다의 일부였다는 사실이다.

그러니 굴과 어울리지 않을 수가 없다. 와인의 산도가 생굴의 비릿함을 깔끔하게 감싸주면서도 미네랄 덕분에 굴의 바다향 풍미는 살아난다. 실컷 굴을 먹어야 하는 겨울엔 꼭 맛있는 샤블리 한 병을 구비해놓자. 유럽 사람들이 한국의 굴 가격을 듣고 놀라는 것처럼 행복하게도 산지에서 바로 배송시키면 저렴한 가격으로 산더미 같은 양의 굴을 쌓아놓고 먹을 수 있다. 굴에 레몬즙을 뿌리고 타바스코 소스 한 방울 더해주면 호사스런 겨울의 맛이 완성된다.

RECIPE CONTINUES →

RECIPE

생굴을 맛있게 먹는 세 가지 방법

생굴을 맛있게 먹을 수 있는 방법들을 소개한다. 싱싱한 굴은 그대로 먹어도 맛있는데 단순한 재료를 조금 더 곁들이면 정말 끝없이 들어가는 경험을 하게 된다. 지난 겨울 굴파티를 여러 번 했는데, 10kg를 사도, 20kg를 사도 굴은 남은 적이 없다.

- ○ 생굴
- ○ 레몬
- ○ 타바스코 소스
- ○ 스리라차 소스
- ○ 양파 1/4개
- ○ 식초 2큰술
- ○ 석류 약간
- ○ 올리브오일 약간

1. 레몬즙과 타바스코 소스는 샤블리 다음으로 굴과 친한 친구들이다. 생굴에 두 가지를 꼭 뿌려 먹어보자.

2. 타바스코 소스 대신 스리라차 소스로 대체해도 맛있다.

3. 다진 양파와 석류, 식초, 올리브오일을 섞어서 소스를 만든 뒤 굴에 뿌린다. 빨간 석류 알갱이가 입안에서 터지는 질감이 재미있고 무엇보다 굴 위에 올리면 정말 예쁘다.

12월의 스파클링 와인

프랑스
샴페인
CHAMPAGNE

12월의 레드 와인을 소개하며 크리스마스에 샴페인 따위 필요없었다고 했지만, 그럼에도 불구하고 많은 사람들에게 12월 샴페인은 필수다. 새해를 맞이하는 순간에 샴페인을 마시지 않을 순 없으니. 왜 우리는 축하할 일이 있을 때 샴페인을 마실까? 연말은 물론 스포츠 리그 우승이 결정된 팀처럼 좋은 일이 있을 때 빠지지 않고 등장하는 것이 샴페인이다. 반짝반짝한 골드 빛깔과 뽀글뽀글 기포가 기분을 들뜨게 하는 점도 있지만 무엇보다 오픈할 때 폭죽처럼 나는 펑 소리가 큰 역할을 하는 것 같다.

샴페인 병 내부 기압은 굉장히 높다. 이 높은 압력을 막아야 하기 때문에 스파클링 와인은 일반적인 와인과 달리 코르크를 철사로 한 번 더 감싸서 눌러놓는다. 하지만 그럼에도 온도가 높은 곳에 오랫동안 방치되면 저절로 펑펑 터지기도 한다. 그래서 샴페인을 오픈할 때는 평소보다 주의를 기울여야 한다.

다시 한 번, 샴페인 병 내부의 기압은 매우 높기 때문에 오픈하기 전에 병을 흔들지 말고 절대 사람을 향하지 않는다. 병을 약간 기울인 상태에서 린넨 등 천으로 위를 누르면서 오픈하는 것이 안전하다. 코르크 윗부분 포일을 벗기면 철사로 고정되어 있는데, 말려 있는 부분을 손으로 돌려서 풀어낸다. 그리고 천천히 코르크를 돌려서 오픈하면 된다. 사실 '펑' 소리가 나는 것보다 최대한 천천히 오픈해서 '픽' 소리를 내며 여는 것이 좋다. 펑 소리를 내며 여는 것은 사실 아까운 기포를 날리는 일이다. 맛있는 샴페인과 함께라면 펑 소리 없이도 충분히 행복한 시간을 보낼 수 있다.

눈이 많이 온 날에 눈 속에서 샴페인을 칠링하면 더 기억에 남는 밤을 보낼 수 있다.

RECIPE CONTINUES →

RECIPE

브리 치즈구이

브리 치즈를 오븐에 구워 꿀과 견과류를 듬뿍 올린 브리 치즈구이는 와인과 최고 잘 어울리는 메뉴다. 따끈한 치즈를 크래커로 찍어 먹는 고소하고 진득한 맛은 풍부한 맛의 샴페인과 환상의 조합이다.

- 브리 치즈 1팩
- 아몬드 한 줌
- 꿀 2큰술
- 크래커
- 좋아하는 잼

1 180도로 예열한 오븐에서 브리치즈를 15분간 통째로 굽는다.

2 아몬드를 굵게 다져 구워진 치즈에 올리고 꿀도 듬뿍 뿌린다. 172쪽에 소개한 뱅쇼잼을 곁들여도 맛있다.

치즈를 맛있게 먹는 8가지 조합

치즈와 와인은 언제나 잘 어울리는 한 쌍이다. 치즈 안주를 준비할 때 더 맛있게 먹을 수 있는 8가지 조합을 소개한다.

브리 치즈와 사과

파르미지아노 치즈와 꿀

스모크 치즈와 청포도

블루 치즈와 단감

브리 치즈와 사과	얇게 썬 사과와 브리 치즈는 클래식한 조합이다. 이 둘을 크래커 위에 올려서 먹으면 어떤 와인을 곁들여도 맛있다.
마스카포네 치즈와 딸기	마스카포네 치즈에 설탕을 살짝 넣고 섞은 뒤 딸기를 찍어 먹는다. 샴페인이나 스파클링 와인과 특히 잘 어울린다.
블루 치즈와 단감	단감을 얇게 썰어서 블루 치즈와 함께 먹으면 달콤하고 쿰쿰한 맛이 오묘하고 매력적이다. 미디엄바디 레드 와인에 곁들여 보자.
고트 치즈와 김	고트 치즈를 먹다가 왠지 모르게 김이 먹고 싶어져서 시도했는데, 예상 외로 맛있었다. 용기를 조금 더 내어 도전해 보시기를. 산뜻한 화이트 와인에 제격이다.

파르미지아노 치즈와 꿀	파르미지아노 치즈는 그레이터로 갈아서 파스타 같은 요리 위에 올리기도 좋지만 굵게 썰어서 꿀을 찍어 먹어도 맛있다. 어떤 종류의 와인에도 잘 어울리지만 역시나 이탈리아 와인과 함께할 때 가장 맛있다.
스모크 치즈와 청포도	진한 훈제향과 상큼한 청포도의 맛도 어울리지만 둘의 컬러 조합도 참 예뻐서 플레이트를 다채롭게 만들어준다. 진한 레드 와인과 먹으면 정말 맛있다.
페타 치즈와 오이	오이를 얇게 슬라이스해서 페타 치즈와 함께 먹으면 짭짤하고 시큼하면서 아삭한 식감까지 어우러진다. 소비뇽 블랑처럼 화사한 화이트 와인에 곁들여보자.
생모짜렐라 치즈와 바질 페스토	맛이 없기 힘든 조합. 바질이 많이 나오는 여름철에 청량한 화이트 와인과 함께 먹으면 기분이 맑아진다.

차분히 시작하는,

1월

1 JANUARY

1월의 레드 와인

미국
소노마 밸리
피노 누아

SONOMA VALLEY
PINOT NOIR

캘리포니아 나파 밸리 여행을 하던 중 지나가듯 들른 옆동네 소노마에서 멋진 와인메이커를 만났다. 정확히 말하면 와인메이커의 아내분이었다. 오래된 자전거가게를 리모델링한 테이스팅룸에서 나눈 대화의 여운은 몇 년이 지난 지금도 생생하다.

이 부부는 샌프란시스코 IT회사에서 일하다가 와인메이커로 전향한 뒤 소노마 밸리의 농장에서 포도를 납품받아 아주 소량의 와인만을 생산하고 있다. 이들이 만든 와인은

소노마에서 사온 와인들.
기억에 남는 와인은 빈 병을 모아두고 있다.

인근 레스토랑에 납품되고 남은 만큼만 테이스팅룸에서 판매되는 정도였다. "와인에 대한 열정으로 직업까지 바꾸시다니 너무 멋지세요. 지금 분명 행복하시겠어요"라는 말에 대한 답이 인상적이었다. "저는 와인에 모든 것을 걸지는 않았어요. 하지만 지금 삶에는 만족하고 있죠. 와인과 저의 거리는 딱 이 정도가 좋은 것 같아요."

이들에게 와인은 일생을 바쳐서 달성해야 할 과업이 아니라 주변과 소통할 수 있는 매개체이면서 생계수단이었다. 친구들이나 이웃들과 직접 만든 와인을 마시면서 시간을 보낼 수 있음은 감사하지만, 삶의 목표 자체가 와인이 되는 것은 원하지 않는다는 것이었다. 이때 나눈 대화는 내게도 많은 영향을 주었다. 일생을 와인에 바친다는 열정은 없더라도 와인을 통해 사람들과 소통하고 와인이 주는 기쁨을 나눌 수 있다면 충분하지 않을까?

소노마 밸리는 나파 밸리의 바로 지척에 있지만 와인 스타일이나 와인메이커들의 성향이 매우 다르다. 나파 밸리가 대규모 자본과 최신 양조기술들을 적극적으로 유입하면서 고품질 와인을 지향하는 반면, 소노마는 그보다 더 소규모이면서 개성 있는 와인을 추구한다. 특히 소노마에서 추천하고 싶은 포도 품종은 피노 누아로, 부르고뉴처럼 화려하진 않지만 편안하게 마실 수 있는 와인들이 많이 있다.

테이스팅룸에서 몇 병의 와인을 구입해 한국으로 가져왔다. 다시 마신 그 와인들은 다른 수식어보다도 딱 '즐길 만한' 와인이었는데, 그 정도로 충분했다. 한 해를 시작하는 1월, 불확실한 미래나 거창한 목표를 떠올리기보다는 나의 일상과 주변을 돌보는 차분한 시간을 가져보면 어떨까. 그럴 때 소노마의 와인이 제격일 것이다.

RECIPE CONTINUES →

RECIPE

구운 육포와 치즈

육포는 그냥 먹어도 레드 와인과 함께하기 좋은 간단한 안주인데, 살짝 구워서 먹으면 따뜻하고 부드러워서 더 맛있다. 여기에 할루미 치즈를 같이 구워서 곁들이면 마냥 먹기 좋다. 양젖과 염소젖으로 만드는 할루미 치즈는 구워도 형태가 유지된다. 레시피라고 하기엔 너무 간단하지만, 가게에서 손님들께 알려드린 레시피 중 가장 반응이 좋았던 것 중 하나다.

○ 육포
○ 할루미 치즈
○ 잣

1. 마른 프라이팬에 잣을 노릇하게 볶고 덜어둔다.
2. 약불에서 할루미 치즈와 육포를 천천히 부드럽게 굽는다.
3. 잣을 곱게 다져서 육포와 치즈 위에 뿌린다.

와인 라벨을 보관하는 방법

마음에 드는 와인은 물론, 추억이 되는 날 마셨거나 선물 받은 와인, 혹은 라벨이 예쁜 와인들은 병을 버리기가 망설여진다. 그렇다고 모든 병을 버리지 않고 보관하면 부피가 크고 먼지가 쌓여 결국 처치 곤란이 되므로 와인의 라벨만 떼어 노트에 보관하는 것도 좋은 기록법이다.
스티커 떼는 것을 생각하면 와인 라벨을 병에서 떼어내는 일이 어렵게 느껴지지만 사실은 굉장히 간단하다. 포트에 물을 끓여서 뜨거운 물을 와인병 안에 담는다. 그리고 2~3분 정도 기다리면 열기로 인해 라벨의 접착제가

부드러워지고, 그때 라벨을 조심스레 벗겨내면 별다른 도구 없이 깔끔하게 떨어진다. 아직 접착력이 남아 있을 때 노트에 붙이고 마신 날짜와 함께한 사람의 이름, 와인에 대한 짤막한 글을 함께 써서 모아두면 한 권의 와인일지가 만들어진다.

와인에 따라 이 방법으로 라벨이 떨어지지 않는 경우도 있다. 예전에 1988년 빈티지 와인 라벨을 떼다가 실패했는데, 당시에 쓰던 접착제가 지금과 달라서 그렇다고 한다. 그래도 대부분 와인병은 쉽게 라벨을 떼어낼 수 있으니, 간직하고 싶은 와인이 있다면 시도해보자.

1월의 화이트 와인

프랑스
쥐라
뱅 존느
JURA VIN JAUNE

쥐라는 프랑스 부르고뉴와 스위스 사이에 위치한 작은 산지로, 뱅 존느라고 불리는 이 지역만의 독특한 와인이 있다. 이 와인의 매력을 어떻게 설명해야 할까. '옐로우 와인'이라는 뜻의 뱅 존느는 이름에 걸맞게 잔에 따랐을 때부터 선명한 노란색이 눈길을 사로잡는다.

뱅 존느는 특이한 방법으로 양조된다. 오래된 오크통에서 와인을 6년 가량 오랫동안 숙성시키는 것이 가장 큰 특징이다. 오크통에 와인을 숙성하면 일부가 증발하는데(숙성 과정에서 증발하는 양은 angel's share라는 귀여운 이름으로 불린다.), 보통의 와인은 공기와 접촉을 피하기 위해 증발한 부분에 다시 와인을 채운다. 하지만 뱅 존느는 이

부분을 채우지 않고 의도적으로 표면에 효모막을 생기게 해서 와인에 추가적인 캐릭터들을 부여한다. 덕분에 꿀과 캐러멜, 말린 과일 등 독특한 아로마가 느껴진다. 뱅 존느가 아니더라도 이 지역 화이트 와인은 이처럼 산화로 인한 캐릭터가 강조되는 편이다.

또한 뱅 존느를 만드는 포도 품종이자 쥐라를 대표하는 사바냥 *Savagnin*은 고대 포도 품종 중 하나로, 산도가 굉장히 높은 것이 특징이다. 덕분에 긴 시간 동안 숙성을 가능케 한다. 이 높은 산도를 한 번 발효시키면 날카롭고 시큼한 산이 둥글고 크리미해진다. 이 과정을 젖산 발효라고 부르는데 덕분에 갓 구운 에그타르트처럼 몽글몽글한 크림이나 버터 같은 향기가 난다.

조금 긴 설명이었지만 이 모든 것을 떠나, 쥐라의 와인은 맛있다. 말린 살구와 견과류를 꿀에 재워 버터를 듬뿍 넣고 구운 달콤한 슈톨렌 같다. 독특한 산화 캐릭터는 위스키나 셰리의 풍미와도 비슷하다. 여기에 입안 가득 부드러운 질감과 풍부한 산미는 중독적이다. 부르고뉴 옆 아주 작은 산지에서 전통과 자연을 존중하며 만들어내는 쥐라의 화이트 와인. 모든 매장에서 흔하게 구입할 수 있는 와인은 아니지만 기회가 된다면 꼭 마셔보자. 신년의 들뜬 기분을 차분히 가라앉혀 줄 것이다.

쥐라는 뱅 존느 아닌 화이트 와인도 맛있다.

RECIPE CONTINUES →

RECIPE

견과류 대추말이

쥐라의 또 다른 특산품은 꽁떼 치즈 Comte cheese로, 견과류처럼 고소하고 짭짤하여 당연히 쥐라 화이트 와인과 먹으면 정말 맛있다. 하지만 대추와 견과류로 만든 이 오독오독한 안주도 뱅 존느와 함께 먹으니 어쩜 이렇게 어울리나 싶을 정도였다. 사실 대추는 레드 와인과도 제법 어울려서 가벼운 안주가 필요할 때 제격이다.

○ 말린 대추
○ 아몬드, 잣, 호두

1 견과류는 마른 팬에 한 번 볶아서 사용한다. 기름기가 올라 고소하게 먹을 수 있다.

2 대추는 한 쪽에 칼집을 넣고 씨를 빼낸다.

3 대추 안에 견과류를 넣고 돌돌 감싼다. 어떤 견과류가 들어 있는지 모른 채 먹는 것도 하나의 즐거움이다.

뱅 존느는 다른 와인과 달리 750ml가 아닌 620ml이다.

211

내추럴 와인이란?

내추럴 와인에 대한 관심이 점점 높아지고 있지만 아직 국제 기준이나 자격이 정해진 것은 아니라서 명쾌하게 정의내리기는 어렵다. "내추럴 와인이 뭐예요?"라는 질문에 포도를 유기농으로 재배하고, 이산화황을 첨가하지 않거나 일반 와인보다 훨씬 적게 넣으며, 인공적으로 배양시킨 효모를 사용하지 않는다는 공통된 특징을 말할 수도 있으나 그것만으로는 불충분하다. 포도의 재배방식이나 양조방식은 내추럴 와인이 표현하고자 하는 것을 위한 수단일 뿐, 이들의 지향점이 아니기 때문이다.

내추럴 와인과 함께 사용되는 용어 중에 유기농*Organic* 와인이나 비오다이나믹(Biodynamic, 생체역학) 와인이 있다. 먼저 유기농 와인은 유기농 방식으로 재배한 포도로 만든 와인이다. 내추럴 와인과 비오다이나믹 와인은 모두 유기농 포도로 와인을 양조하기 때문에 유기농 와인에 속한다. 반대로 유기농 와인이라고 해서 모두 내추럴 와인이나 비오다이나믹 와인은 아니다. 사실 유기농 와인이라는 개념이 늘 중요하게 여겨지지는 않는다. 실제로 유기농법으로 포도를 재배하지만 불필요하다는 이유로 유기농 인증을 받지 않는 와이너리들도 있다.

비오다이나믹 와인은 유기농을 넘어, 지구와 달, 우주는 연결되어 있기 때문에 이들의 유기적인 움직임이 와인에 영향을 미친다는 신념을 바탕으로 만든 와인이다. 비오다이나믹 캘린더에 따라 포도밭에 퇴비를 뿌리고, 가지치기를 하고, 포도를 수확한다. 과학적으로 검증되지 않은 부분도 있고 미신적이거나 점성술적이기도 한데, 천체의 움직임에 따라 퇴비 뿌리는 시기를 결정하고 쇠뿔을 이용하여 천연비료를 땅에 묻기도 한다. 비오다이나믹은 포도밭을 최대한 자연 그대로의 상태로, 포도밭 바깥의 생태환경과도 유기적인 연결을 유지하면서 포도를 재배하고자 한다. 또 비오다이나믹 와인은 유기농 와인이지만 내추럴 와인일 수도 있고 아닐 수도 있다.

그렇다면 내추럴 와인이란 과연 무엇일까. 내추럴 와인에 대해 이해하기 위해서는 이산화황을 쓰지 않고 자연효모로 양조한다는 말보다는 내추럴 와인이 지향하는 것에 대한 이해가 필요하다. 모든 와인은 다른 환경, 즉 다른 떼루아를 바탕으로 만들어지고, 내추럴 와인은 오롯이 포도의 고유한 떼루아를 와인에 담으려고 한다. 전통적으로 와인을 만들어오던 방식, 역사, 문화 등 인간이 쌓아온 것이 아닌, 자연 그 자체가 핵심이다. AOC 등 규정을 신경 쓰지 않고 내추럴 와인이라는 용어까지 거부하기도 한다. 유니크한 라벨도 특징 중 하나다. 그래서 내추럴 와인에 접근할 때에는 라벨에 적힌 산지나 품종의 특성을 분류하려고 드는 것은 큰 도움이 되지 않는다.

내추럴 와인에서 말하는 고유한 떼루아의 중심엔 효모가 있다. 떼루아는 포도를 둘러싼 환경을 의미하는데, 내추럴 와인에서는 토양과 공기 중에 존재하는 미생물들까지도 떼루아에 포함된다. 그래서 이를 표현하기 위해 자연효모로 발효시키는 것이 필수적이다. 내추럴 와인 맛에 가장 큰 영향을 미치는 요소는 효모이고, 각기 다른 효모를 통해 만들어지기 때문에 와인의 개성이 달라진다. 내추럴 와인을 이야기할 때 늘 이산화황이 따라오는 이유는 이산화황이 효모의 활동에 영향을 미치기 때문이다. 이산화황 등의 첨가물 사용을 절제하는 것은 자연효모가 주는 풍미, 떼루아를 그대로 표현하기 위한 수단일 뿐 단지 무첨가 와인을 만들겠다는 목적은 아니다. 그래서 내추럴 와인을 첨가물을 사용하지 않는 와인이라고 칭하는 것은 완벽하지 않은 설명이다. 내추럴 와인에 대한 정의나 규정이 정립되기 어려운 이유가 여기에 있다.

처음 내추럴 와인을 마시면 어딘가 쿰쿰한 듯 오묘한 아로마에 놀랄지도 모른다. 누군가는 거부감을 가질 수도 있다. 하지만 내추럴 와인을

계속 마시다 보면 처음 느낀 불편함이 어느 순간 오히려 편안함으로 다가온다. 자연상태에 존재하는 효모들로 만들어지기 때문이다.

내추럴 와인이 아닌 와인들도 물론 자연과 떼루아를 중요시 여긴다. 하지만 그와 동시에 역사나 전통, 가치관 등에 대해서도 자부심을 느끼고 이를 와인에 담으려고 한다. 혹은 최신 양조기술을 사용해서 와인 품질을 향상시키려 하기도 하고, 상업적인 부분을 지향하는 와인도 있다. 당연히 이러한 점들이 와인에 드러난다. 내추럴 와인을 마실 때는 떼루아의 고유한 특징을 와인으로 표현하고자 한 노력을 가장 크게 염두에 두고 여유롭게 테이스팅해보자.

1월의 스위트 와인

포르투갈
포트 와인
PORT WINE

잠이 오지 않아 뒤척이는 밤, 책을 한 권 펼쳐놓고 아끼는 빈티지 잔에 와인을 조금 따라 마시면 마음이 차분해진다. 이렇게 자기 전에 한 잔씩 와인을 마실 때 가장 추천하고 싶은 것이 포트 와인이다. 포르투갈에서 양조되는 주정강화 와인의 한 종류로, 높은 알코올 도수를 가진 달콤한 술이다. 대부분 레드 와인이지만 간혹 화이트로도 만들어진다. 다른 와인보다는 오픈하고도 오래 보관할 수 있기 때문에 조금씩 천천히 마셔도 부담이 적다.

주정강화 와인은 발효과정에서 추가로 알코올을 첨가하는 와인을 뜻한다. 포트 와인은 1800년대에 영국으로 수송되는 와인의 변질을 막고자 발효되는 중간에 브랜디를 첨가하며 시작됐다. 와인의 효모는 포도즙 당분을 먹고 알코올과 이산화탄소를 부산물로 배출한다. 그런데 효모는 알코올 도수가 높아지면 활동하지 못하고 죽어버린다. 이 원리를 이용해 효모가 활발하게 활동하고 있는 도중에 알코올을 첨가하여 인위적으로 와인의 도수를 15도 이상으로 만들어 효모활동을 정지시키는 것이다. 그러면 포도즙에는 효모가 미처 분해하지 못한 달콤한 당분이 남아 있기 때문에 알코올 도수가 높으면서 달콤한 와인이 만들어진다.

포트 와인에는 다양한 종류가 있는데 짧은 기간 숙성한 루비*Ruby* 포트와 오랜 기간 오크통에서 숙성시키는 토니*Tawny* 포트 등이 있다. 루비는 선명한 붉은색과 과실향 풍부한 스타일이고 토니는 적갈색에 견과류와 꿀향기가 특징인 와인이다. 두 와인의 스타일이 꽤 다르니 취향에 따라 선택하자.

RECIPE CONTINUES →

RECIPE

아망 드 쇼콜라

캐러멜을 얇게 입힌 뒤 초콜릿을 한 번 더 씌워
만드는 이 달콤한 넛츠는 포트 와인과 함께하면
끊임없이 손이 가는 마력이 있다. 한 번에 많이
만들어 선물하고 먹을 만큼만 남겨놓는 것이
좋을지도 모른다. 싱글몰트 위스키와도 잘 어울린다.

- 아몬드 1컵
- 설탕 1/2컵
- 물 2큰술
- 초콜릿 100g
- 코코아파우더 적당량

1 아몬드는 마른 팬에 노릇하게 볶는다. 이 과정을 거쳐야 아몬드 안의 수분이 날아가고 기름이 고소해져서 맛있어진다.

2 냄비에 설탕 1/2컵과 물 2큰술을 넣고 중불에서 끓인다. 갈색빛 캐러멜이 되면 불에서 내린다.

3 2의 냄비에 아몬드를 넣고 잘 뒤섞어준다. 아몬드에 얇게 캐러멜옷을 입혀야 하는데, 섞다 보면 캐러멜이 식으면서 아몬드 겉면이 살짝 하얗게 된다. 그때 종이 포일 위에 아몬드를 펼쳐서 굳힌다.

4 볼에 초콜릿을 담고 중탕해서 녹인다. 제과용 초콜릿을 템퍼링할 자신이 없다면 일반 마트에서 파는 판초콜릿을 사용하자.

5 캐러멜을 입힌 아몬드에 녹인 초콜릿을 입힌다. 골고루 입힌 후 다시 종이 포일 위에서 굳힌다.

6 겉면 초콜릿이 다 굳으면 코코아파우더를 겉면에 골고루 묻혀 완성한다.

기념일 와인과 와인의 시음 적기

간혹 손님들께서 이런 이야기를 할 때가 있다. "신혼여행지에서 와인을 한 병 사왔는데 결혼 10주년이 되었을 때 마시려고요!", "올해 아이가 태어나서 같은 해 빈티지 와인 한 병 사두고 아이가 성인이 되면 함께 마시고 싶어요.", 혹은 "제가 태어난 해의 빈티지 와인을 구할 수 있을까요?"

모든 와인에는 시음 적기가 있고, 이 시음 적기가 지나면 와인의 매력은 크게 떨어진다. 오래 숙성된 위스키가 고가이듯이 와인도 오래될수록 좋을 것이라는 생각을 할 수 있지만 절대 그렇지 않다. 마트에서 저렴하게 구입한 와인을 오래 묵혀서 마신다고 더 맛있어지거나 풍미가 살아나지 않는다. 이러한 와인들은 대체로 시음 적기가 1~3년 안쪽이기 때문에 오히려 시간이 지날수록 역효과가 난다.

와인의 시음 적기를 결정하는 데는 많은 요인이 있지만 가장 중요한 것 중 하나가 빈티지이다. 와인의 라벨에 표기된 빈티지는 포도 수확이 이루어진 연도다. 포도를 수확한 해의 날씨가 좋고 포도가 잘 여물면 오래 보관할 수 있는 와인이 만들어지지만 그렇지 않은 경우에는 시음 적기가 상대적으로 짧은 와인이 만들어진다. 와이너리에서는 보통 와인의 시음 적기가 갓 시작되었을 때 출하시킨다.* 따라서 일부 와인을 제외하고는 별도의 병숙성을 거칠 필요 없이 구입 후 바로 마시면 된다.

와인에는 포도가 만들어내는 아로마도 있고 숙성에 따른 아로마도 있다. 시간이 지날수록 숙성에 따른 아로마들은 깊고 진해지는데, 보통 레드 와인의 흙냄새나 가죽향, 젖은 이끼향 등이 그렇다. 시음 적기라는 것은 포도가 만들어내는 향기로운 과실향과 숙성에 따른 아로마가 적절하게 조화된 시기다. 거기서 시간이 더 흘러버리면 와인의 생기 있는 과실 아로마는 점차 약해지고 쿰쿰한 향만 남는데, 이때 시음 적기가 지났다는 표현을 쓴다. 그다지 기분 좋게 마실 수 있는 와인은 아닐 것이다.

신혼여행지에서 사온 와인은 종류에 따라 다르겠지만 10주년보다는 일찍 오픈하기를 추천하고, 아이가 성인이 되는 날 함께 마실 와인을 찾는다면 귀부 와인이나 포트 와인 같은 장기간 숙성에 용이한 스위트 와인을 추천한다. 갓 성인이 된 아이는 이런 달콤한 와인을 더 좋아할지도 모른다. 또한 보르도 와인 중에서 자신의 탄생 빈티지를 만나볼 수는 있겠지만 높은 가격에 대한 마음의 준비는 미리 하도록 하자.

* 와인은 출하 전 와이너리에서 숙성을 거쳐서 시장에 나온다. 예를 들어 2019년에는 와인가게에서 레드 와인은 보통 2016~2017 빈티지, 화이트 와인은 2017~2018 빈티지의 와인을 만날 것이다. 빈티지가 표기되어 있지 않은 경우 논 빈티지 와인(NV)라고 하고 여러 해에 수확된 포도로 만든 와인을 블렌딩한 경우다. 대부분 스파클링 와인이 논 빈티지로 만들어진다.

나파 밸리에서 사온 2014년 빈티지 화이트 와인. 2018년 끝자락에
마셨는데 맛있었지만 조금 더 빨리 마실걸 하는 아쉬움이 있었다.

달콤한

2월

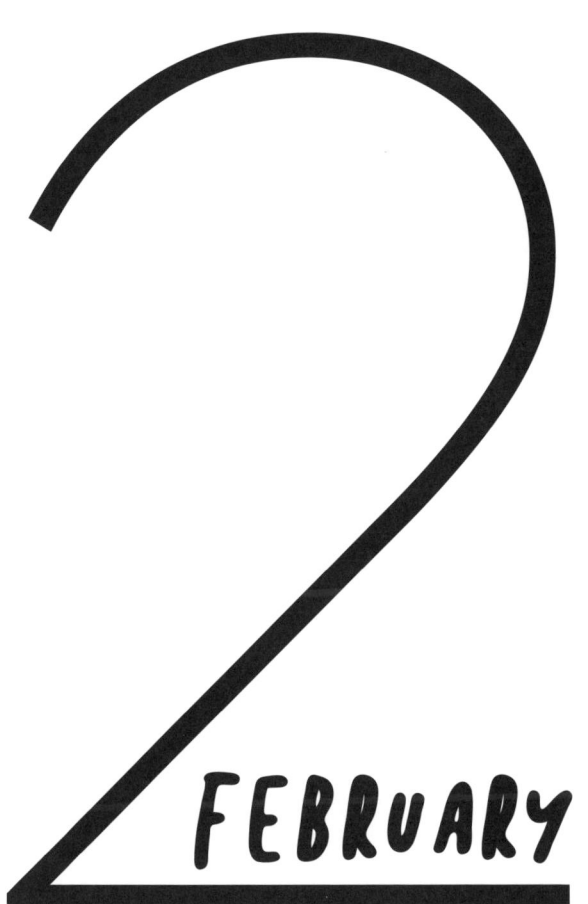

2월의 레드 와인

프랑스
보르도
올드 빈티지 와인
BORDEAUX
OLD VINTAGE WINE

오래된 레드 와인만이 주는 독특한 정서가 있다. 오랜 시간이 지나면서 질감이 그대로 드러나게 된 낡은 빈티지 가구처럼 고풍스럽고 안락하다. 레드 와인은 맨 처음 만들어졌을 때에는 짙고 불투명한 보랏빛인데, 시간이 지나면서 선명한 루비색으로 변한다. 그리고 시간이 더 흐르면 살짝 노란빛이 섞이다가 붉은색의 성분이 침전물로 가라앉아 갈색빛이 도는 투명한 와인이 된다. 오래된 빈티지 가구의 자연스러운 낡음을 의도적으로 만들어 낼 수 없듯, 올드 빈티지 와인의 빛바랜 갈색빛은 흉내낼 수 없는 깊이가 있다.

와인의 시음 적기는 어느 한순간이 아닌 일정 기간으로 표현한다. 예를 들어 3~5년 뒤가 시음 적기인 와인이라면, 3년은 시음 적기의 초반, 5년은 시음 적기의 끝자락인 셈이다. 보르도의 레드 와인은 시음 적기가 긴 편으로, 빈티지에 따라 다르지만 5~15년, 혹은 30년 이상인 와인들도 있다. 시음 적기 끝자락에 도달한 와인은 천천히 오랜 시간을 버텨왔기 때문에 독특하고 오묘한 매력을 발산한다. 흙먼지 아로마가 도드라지고 다크초콜릿 향이 나기도 한다. 과실향은 힘이 많이 빠져 있고 강건했을 타닌은 편안하게 변해 있다.

예전에 손님들과 오래된 와인을 블라인드로 시음한 적이 있는데, 올드 빈티지라는 단어도 잘 모르시는 분들이었는데도 '오래된 도서관에서 나는 냄새', '빛바랜 사진첩 같은 느낌'이라고 표현하셔서 놀라웠다. 낡은 것들이 주는 아름다움이 오래된 와인에는 있다. 시음 적기나 빈티지 차트를 복잡하게 따지지 않더라도 충분히 즐겨볼 법한 일이다.

RECIPE CONTINUES →

RECIPE

뵈프 부르기뇽

소고기와 레드 와인을 듬뿍 넣어 만드는 뵈프 부르기뇽은 언뜻 이름만큼이나 어려워 보이지만 간단한 버전의 레시피로 만들어도 맛있다. 오히려 갈비찜 같은 한식보다 쉽다. 레드 와인이 한가득 들어가기 때문에 와인과 어울리지 않을 수 없는 음식이다.

2인분

- 소고기 사태 500g
- 양파 1/2개
- 당근 1/4개
- 셀러리 1/2개
- 밀가루 1큰술
- 레드 와인 1/2병
- 월계수잎

가니시

- 양송이버섯 8개
- 당근 1/2개

1 소고기는 큼직하게 썰어 키친타월로 표면의 수분을 닦아낸다. 양파, 당근, 셀러리는 잘게 썬다.

2 냄비를 뜨겁게 달군 뒤 기름을 살짝 두르고 소고기를 넣어 표면을 노릇하게 굽는다. 이 과정을 시어링이라고 하는데, 시어링이 잘 되어야 완성된 뵈프 부르기뇽이 맛있어진다.

3 구운 고기는 따로 덜어내고 그대로 양파, 당근, 셀러리를 넣어 볶는다. 냄비 바닥에 고기 구울 때 눌러 붙은 것이 있을 텐데, 이것이 채소의 수분으로 저절로 떨어질 수 있도록 바닥을 살살 긁어가며 볶는다.

4 야채가 어느 정도 볶아지면 밀가루 1큰술을 넣고 볶는다.

5 따로 빼둔 소고기를 다시 냄비 안에 넣고 레드 와인 반 병과 월계수잎을 넣고 끓인다. 180도로 예열한 오븐에서 50~90분 정도 끓인다. 오븐이 없으면 중약불로 맞춰서 끓이고 눌러붙지 않도록 중간중간 저어준다.

6 고기가 부드럽게 익으면 고기만 따로 덜어내고 남은 소스는 센불에서 줄여서 농도를 맞춘다. 숟가락의 뒷면을 두껍게 덮을 정도의 농도여야 한다.

7 가니시로 양송이버섯과 당근을 준비한다. 양송이버섯은 반으로 잘라 뜨거운 팬에 올리브오일을 두르고 노릇하게 볶은 뒤 소금, 후추로 간한다.

8 당근은 길쭉하게 잘라서 끓는 물에 데친 후 뜨거운 팬에 올리브오일을 두르고 노릇하게 볶은 후 소금, 후추로 간한다. 볶은 양송이버섯과 당근을 뵈프 부르기뇽과 섞어 완성한다.

- 버터를 듬뿍 넣은 매시포테이토나 삶은 파스타, 바게트 등과 함께 먹으면 맛있다.

2월의 화이트 와인

프랑스
부르고뉴
뫼르소

BOURGOGNE MEURSAULT

끝나가는 추위가 시원섭섭한 어느 날 사랑하는 사람과 조금 좋은 와인을 마셔보면 어떨까. 프랑스의 부르고뉴는 레드 와인뿐 아니라 세계 최고의 화이트 와인을 만들어내는 산지다.

부르고뉴에서 화이트 와인을 만들어내는 마을으로는 뫼르소나 몽라셰, 샤블리가 유명하다. 앞서 소개한 샤블리는 지리적으로 떨어져 있는 만큼 다른 부르고뉴 화이트들과 다른 캐릭터이고, 일반적인 부르고뉴의 샤르도네는 샤블리보다는 부드럽고 따스한 느낌을 보여주는 경우가 많다.

개인적으로 뫼르소의 와인을 참 좋아하는데 잘 만들어진, 그리고 잘 숙성된 시음 적기의 뫼르소를 마시면 이름처럼 부드러운 질감은 물론, 와인을 마신 후 아득히 느껴지는 여운이 있다. 코로 올라오는 아로마로 인해 마치 뫼르소로 만든 공기 속에서 숨을 쉬는 것 같은 착각도 하게 된다.

소중한 사람과 함께 시간을 보낼 때 조금 신경 써서 부르고뉴의 화이트 와인을 골라보자. 좋은 와인인 만큼 잔도 반짝반짝 닦고 미리 브리딩도 해놓으면서 함께할 따뜻한 시간을 기다린다면, 그 시간에 어우러질 와인까지도 행복을 느낄 것 같다.

RECIPE CONTINUES →

RECIPE

전복내장 리조또

전복내장을 그대로 넣어 쌉쌀한 맛이 남아 있는
리조또와 부르고뉴의 부드러운 화이트 와인은
정말 잘 어우러진다. 생일을 맞았을 때 이 리조또에
미역을 넣어 미역국을 대신해 만들면 특별한
저녁식사가 되기도 한다.

- 전복 2개
- 양파 1/2개
- 쌀 1/2컵
- 화이트 와인 1/3컵
- 버터 1큰술
- 파르미지아노 치즈
- 육수용 자투리 야채

1 전복은 깨끗이 손질하고 내장과 몸통을 분리한다. 내장은 으깨고 몸통은 적당한 크기로 썰어 놓는다.

2 양파를 쌀알처럼 작은 크기로 다져둔다.

3 냄비에 물을 2~3컵 넣고 양파껍질이나 파뿌리, 당근 조각 등 자투리 야채를 넣고 채소육수를 끓인다. 리조또를 만드는 동안 계속 한쪽에서 끓고 있어야 한다.

4 프라이팬에 올리브오일을 두르고 양파를 볶는다. 양파가 살짝 투명해지면 쌀을 넣는다. 쌀의 겉면이 살짝 투명해지면 화이트 와인을 넣고 와인이 절반으로 줄어들 때까지 푹 끓인다.

5 와인이 졸아들면 뜨거운 채소육수를 한 국자 넣고 끓인다. 이 과정을 쌀이 완벽하게 익을 때까지 반복한다.

6 쌀이 거의 다 익어갈 때쯤 전복 몸통과 내장, 버터를 넣고 잘 섞어준다.

7 완성이 되면 그릇에 담는다. 잘 만들어진 리조또는 평평한 그릇에 덜어서 그릇 뒷면을 손바닥으로 탁탁 쳤을 때 원형으로 자연스럽게 퍼진다. 위에 파르미지아노 치즈를 뿌려 마무리한다.

2월의 스위트 와인

프랑스
보르도 소테른
귀부 와인
SAUTERNES
BOTRYTISED WINE

달콤한 와인이 가장 어울리는 날은 발렌타인 데이이지 않을까? 가장 특별한 스위트 와인은 역시 귀부 와인이다. 프랑스 보르도의 남쪽, 소테른은 멋진 귀부 와인의 산지로 명성이 뛰어나다.

귀부 와인은 특정한 지리적 요건이 충족되어야만 만들어질 수 있는 귀한 와인이다. 일단 포도밭 주변에 강이나 호수가 있어야 한다. 아직 해가 떠오르지 않은 새벽에 물안개가 올라와 포도밭을 뒤덮어야 하기 때문이다. 이때 높은 습도로 인해 포도 사이사이 곰팡이균이 생기게 되고, 곰팡이들은 달콤한 포도즙을 빨아먹기 위해 껍질에 구멍을 낸다. 하지만 낮이 되면 언제 그랬냐는 듯 안개는 사라지고 포도가 잘 익을 수 있도록 햇빛이 쨍쨍 내리쬐어야 한다. 그리고 이 과정이 여름 동안 매일매일 반복되어야 한다. 포도껍질의 무수히 많은 구멍을 통해 포도즙이 증발하고, 수확기가 되면 포도가 건포도처럼 말라버리는데, 바로 이렇게 마른 포도로 만든 와인이 귀부 와인이다. 건포도로 만든 와인이므로 당연히 생산량이 적을 수밖에 없고, 실제로 포도나무 한 그루에서 한 잔의 와인이 나온다는 표현을 쓴다. 금을 녹여 만든 것처럼 황금빛을 가진 풍부하고 달콤한 귀부 와인은 이렇게 복잡한 과정을 거쳐 만들어진다.

스위트 와인을 선호하는 편은 아니지만 귀부 와인이 만들어지는 과정이 궁금해 프랑스 보르도 소테른에 찾아간 적이 있다. 안개가 자욱한 포도밭의 모습은 신비스럽기 그지없고, 황금빛 액체는 마치 신화 속의 음료처럼 느껴졌다. 이토록 신비스런 귀부 와인은 곰팡이 특유의 독특한 풍미에 꿀과 말린 과일향이 뒤엉킨 복잡하지만 아름다운 향을 발산한다. 오랫동안 병 안에서 숙성할 수 있기 때문에 시간이 지나면서 더 멋진 와인이 되는 경우도 있다. 발렌타인 데이에 평소와는 다른 선물을 준비하고 싶다면 황금빛 귀부 와인은 어떨까.

* **소테른 외에 프랑스의 루아르나 헝가리의 토카이도 유명한 귀부 와인 산지이다. 상대적으로 소테른보다 저렴한 가격에 구입할 수 있다.**

RECIPE CONTINUES →

RECIPE

화이트초콜릿 티라미수

화이트초콜릿과 딸기로 만든 조금 특별한 티라미수 레시피이다. 세 가지 필링을 만든 뒤 섞어서 보는 것과 달리 다채로운 맛이 난다. 마스카포네 치즈와 화이트초콜릿 향이 다크초콜릿보다 귀부 와인에 더 잘 어울린다.

필링1
- 생크림 1/2컵
- 설탕 1/4컵

필링2
- 마스카포네 치즈 400g
- 설탕 1/4컵

필링3
- 화이트초콜릿 100g
- 생크림 1/4컵

- 딸기, 우유, 샤브레 쿠키

1. **필링1** 생크림은 핸드믹서로 빡빡하게 거품을 올려준다. 50% 정도 거품이 올라왔을 때 설탕을 넣고 끝까지 단단한 거품을 올린다.

2. **필링2** 마스카포네 치즈는 주걱으로 부드럽게 풀어준 후 설탕과 잘 섞어준다.

3. **필링3** 화이트초콜릿은 중탕으로 녹이고 생크림과 섞어 한 김 식힌다.

4. *1, 2, 3*의 재료를 모두 함께 섞어 하나의 필링을 완성한다.

5. 용기에 샤브레 쿠키를 담고 숟가락으로 우유를 위에 살짝 뿌려 촉촉하게 만들어준다. 필링과 딸기를 번갈아가며 채운다. 평평하게 윗면을 정리한 뒤 딸기로 장식하거나 슈거파우더로 마무리한다.

한 박스의 와인을 마시는 일

먼 훗날 아주 작은 와인가게를 오픈하는 상상을 해본다. 한 번에 딱 열두 종류의 와인만 갖춰두는 아주 작은 보틀숍. 오롯이 좋아하는 와인만 있는 곳에서 사람들과 취향을 공유할 수 있는 일은 상상만으로 가슴이 뛴다. 세상엔 맛있는 와인이 너무 많다 보니 열두 가지로 리스트를 줄이는 일은 아마 불가능할 것 같지만.

매년 10만 종이 넘는 와인이 만들어지는 만큼 새로운 와인을 계속 시도해도 여전히 부족함을 느낄 수도 있다. 하지만 입맛에 꼭 맞는 와인을 발견한다면 한 걸음 멈춰 그 와인을 여러 번 시도해보면 어떨까. 사실 이 생각은 가게에 자주 들르는 멋진 영국 신사분 덕분에 떠올렸다. 늘 똑같은 와인을 여러 병 사가시는 모습을 보면서 취향의 확고함이 참 근사해 보였다. 하나의 와인을 반복해서 마시면 그 와인을 누구보다 잘 이해하게 되는 것은 물론, 왠지 그 와인과 가까운 친구가 되는 기분이 든다. 힘들거나 좋은 일이 있을 때, 혹은 아무 일도 없을 때 "뭐해?" 하고 편하게 연락할 수 있는 오랜 친구가 생기는 것과 같다.

마음에 드는 와인을 발견하면 그 와인을 박스째 구입해보자. 주변 사람들과 함께 마시기도 하고, 다양한 음식과 페어링 하거나 누군가에게 한 병쯤 선물해보기도 하면서 한 박스의 와인 열두 병을 비우게 되면 아마 그 와인에 대한 생각이 처음 이 와인을 만났을 때와 많이 달라져 있을지도 모른다. 이것을 내가 왜 좋아했었는지에 대해 생각이 명확해질 수도 있다. 오랜 시간을 함께 보내서 어딘가 나를 닮은 것 같은, 친구 같은 와인이 한 병 있는 것도 멋진 일상이지 않을까?

열두 달의 와인 레시피

1판 1쇄 펴냄 2019년 2월 27일
1판 4쇄 펴냄 2022년 6월 3일

지은이	류예리
기획·편집	주소은
디자인	Relish

펴낸이	주소은
펴낸곳	보틀프레스
출판등록	2018.11.26. 제2018-000312호
주소	서울시 마포구 도화4길 41, 102동 3층
문의	hello.bottlepress@gmail.com

ⓒ류예리, 2019
ISBN 979-11-966160-1-4 (13590)

- 이 책은 저작권법에 따라 보호받는 저작물이므로 무단 전재와 무단 복제를 금하며 책 내용의 전부 또는 일부를 이용하려면 반드시 저작권자와 보틀프레스의 서면 동의를 받아야 합니다.
- 책값은 뒤표지에 있습니다.
- 잘못된 책은 구입처에서 바꿔 드립니다.